EL ELEMEN
PERDIDC

"Me siento honrada de haber compartido mi cuento de fuego en el libro de Debra. Ella usó mi historia como un ejemplo de que el espíritu puede sanar, que la adicción se puede superar. La sabiduría elemental es un medio poderoso para cambiar tu vida. Lee y averigua qué elemento eres y observa la sabiduría desplegarse".

—COLETTE BARON-REID,
autora de *The Enchanted Map Oracle Cards*

"Debra Silverman se destacó en medio de un mar interminable de mentores, terapeutas y sanadores. En nuestro primer encuentro, sentí que me conocía y me entendía; desde entonces me ha ofrecido orientación práctica. Este libro continúa haciendo lo mismo. El trabajo de Debra es intuitivo, inteligente, compasivo y directo, trae el cielo a la tierra de una manera que es inspiradora y fácil de entender. Estoy agradecida con Debra, tanto por ser una guía personal como por crear un libro tan significativo. La suya es una visión muy necesaria en estos tiempos complejos".

—SEANE CORN
profesora de yoga y activista espiritual de renombre internacional.
Sus DVD incluyen el título *Detox Flow Yoga*

"En medio del alboroto y del estruendo que nos rodea, necesitamos centrarnos para tomar decisiones, hacer una pausa y escuchar fuerzas que son mucho mayores que nosotros, pero que están ahí para nosotros... si prestamos atención. Debra nos ayuda a escuchar, comparte herramientas con delicadeza y, con este libro y con su trabajo, ayuda a la gente –como yo– a pensar y actuar desde un lugar de conexión".

—WINONA LADUKE
activista nativo americana, ecologista,
economista y escritora

EL ELEMENTO PERDIDO

Inspirando compasión
por la condición humana

Debra Silverman, M. A.

Traducción por Victoria Rojas

Inner Traditions en Español
Rochester, Vermont

Inner Traditions en Español
One Park Street
Rochester, Vermont 05767
www.InnerTraditions.com

Inner Traditions es Español es una división de Inner Traditions International

Titulo original por la edición 2016: *The Missing Element: Inspiring Compassion for the Human Condition*, publicado por Findhorn Press, sección de Inner Traditions International

ISBN 978-1-64411-656-2 (tapa blanda)
ISBN 978-1-64411-657-9 (libro electrónico)

Impreso y encuadernado en los Estados Unidos por Versa Press

1 2 3 4 5 6 7 8 9 10

Diseño de portada por Aaron Davis
Diseño de texto y diagramación por Kira Kariakin

Índice

AGRADECIMIENTOS

En primer lugar, agradezco a mamá y papá, Tillie y Milt: gracias a ellos puedo escribir sobre la compasión. Por desgracia, fueron sus muertes las que me llevaron a comprender mi amor por ellos. Ofrezco mi simple voz de gratitud a ellos y a todos los padres, porque son ellos los que nos han dado el regalo de la vida.

Después, quiero dar las gracias a mi mejor amiga: al igual que Oprah tiene a Gail, yo te tengo a ti, Laurel. Laurel sostiene mi corazón como si fuera de oro, como si yo fuera especial. Después de todos estos años, he comenzado a creerte.

Esta obra de arte fue creada bajo el efecto de la magia pura, lo digo en serio. No me creerás cuando te diga que cuatro ángeles aparecieron en mi vida en un período de dos semanas, y de forma mágica me financiaron como escritora. Nunca podría haberme permitido escribir este libro sin su ayuda. Sin que yo lo pidiera, aparecieron uno por uno, insistiendo en ayudarme, sin condiciones. Eso se llama dinero de los ángeles. Temo que nunca sabré cómo agradecerles de forma adecuada y devolverle a cada uno de ustedes lo que me dieron. Janie, Paul, Wayne y Lynn: ustedes cuatro fueron los parteros de este libro.

Escribí este libro para mi hijo y los jóvenes que sufren por el dolor de este loco mundo moderno. Daniel, solo puedo rezar y desear que encuentres una fe profunda y duradera para creer en este mundo. Es el clásico sentido del humor de la vida haberte dado a ti, un realista serio, una astróloga enigmática y esotérica, como yo, de madre. Qué ironía que entre nosotros cubramos el espectro que va desde las preocupaciones terrestres y prácticas que tanto te gustan, hasta las estrellas y el lenguaje cósmico que yo adoro. Espero encontrarte entre nuestros dos mundos a lo largo de esta vida, viendo crecer sin cesar nuestro amor.

Gracias a papá, Milt, que estuvo en la mafia judía y me enseñó con el ejemplo que "la amistad es sagrada". Seguí su ejemplo cuando mi familia de origen se hizo pedazos tras su muerte. Mis amigos se convirtieron en mi familia.

Hay personas que me han apoyado a lo largo de mi juventud a las que debo mencionar. Desde el jardín de infancia hasta la escuela secundaria, ustedes, sin saberlo, me brindaron apoyo cuando mi familia no estaba: Elyse, Karen, Nancy, David, Joel, Matt, Ava y Debby. Luego, en años posteriores, aparecieron: Alandra, Judy B. y Judy K., Catherine, Gudrun, Norman, Bobbi y Richie, Victor y Nadya y Jim. Algunos de ustedes han ido y venido, pero hay quienes nunca se han apartado de mi lado: Forrest, Colette, Ellen M., Ellen F. y Grace. Y gracias a Dios por mi familia de Colorado, que me ha proporcionado un hogar en mi vida adulta: Lynn, Carla y Doug, Habiba y Kabir, Peggy, Dorothy, Margaret y nuestro querido Douglas. Por último, los que se han convertido en mi hogar; aún no me lo puedo explicar, pero, por suerte, el destino se ha salido con la suya: Paul y Adriana, June, Wayne, Teddy, Trista, Junpo y Mary, Desi, Josh, Ash y Ayelet, Bill, y Ashley y Parker.

No podría dar de manera incansable como lo hago en este mundo sin que cada uno de ustedes tuviera fe en mí. Estoy empezando a comprender que el amor ya no tiene que ver con la familia o los amigos o con quién está ahí y quién no, sino que se trata de que todos estamos juntos en esta danza. Todos desempeñamos nuestro papel, ya sea por poco o por mucho tiempo. Rezo por poder danzar contigo, querido lector, algún día. Lo haremos como los dioses y las diosas lo consideren oportuno; se ha hecho evidente para mí que el destino determina cuándo y cómo encontraremos el camino el uno hacia el otro.

Hay quienes me han ayudado a escribir este libro y han colaborado en la obra de mi vida; un largo y arduo esfuerzo de quince años solo para este proyecto de escritura. Empezando por Billie, Ammi, Sara, Stasia, Lowell, Moon, Betty, Lisa, Naomi, Dennis, Kippi, Michelle, Owen, Val, Bill, Randy, Mark, Jack, Laurie, Jenn, Hazel y Premo.

Y a Charlie, Kenny, Colette y los Goodman por darme sus historias para este libro.

Y al único miembro de mi familia que ha estado a mi lado siempre, más allá del tiempo, que serías tú, Niki.

Este proyecto me ha llevado tanto tiempo que solo escribir esta página me ha hecho sentir como una hormiga cargando una enorme piedra colina arriba. Tanto tiempo subiendo, con tanto esfuerzo y, sin embargo, no podía parar.

Estoy aquí para decirles a todos ustedes que los sueños se hacen realidad. Este libro era un sueño que había perseguido por mucho tiempo y que por fin encontró páginas, forma y pies.

Por último, he cargado con este sueño para las generaciones futuras, es decir, los niños que siempre aparecen en mi mundo para que yo sea su hada madrina: Ligia, James, Lauren, Ryan, Bodie, Ya-ya, Talulah, Marcus, Sabrina, Shane, Sarah, Ibby y Ocean. Para todos esos niños que llevan el futuro a cuestas, espero haber aligerado un poco su carga. Apóyense en mis hombros y ayúdennos a superar este increíble momento de la historia.

P.D.: Y un agradecimiento especial a Sting y Madonna. Yo era la misma astróloga el día antes de conocerlos, pero ambos se convirtieron en una puerta que ha ayudado a mi causa. Mi más profundo agradecimiento para ti, Sting, en verdad eres mi amigo.

A todos los que, durante casi cuatro décadas,
me han buscado y me han invitado a sentarme a su lado
mientras se abrían a profundidad y compartían su historia
de vida. Me ha encantado escucharlos.

Adoro a los seres humanos; siento un amor desvergonzado
por los vencedores que lograron superar su dolor y también
por los perpetradores que lo crearon.
El mal no tiene poder sobre la compasión que siento por la
humanidad. Oro para que, como especie, sobrevivamos
esta estrecha entrada hacia la próxima era
y que muchos más de nosotros
alcancen el punto dulce de nuestra humildad.
Con la visión a largo plazo intacta, llegaremos a entender
nuestra humanidad como un gran experimento
en desarrollo que está a punto de tomar un giro.

Rezo para que este libro inspire compasión cuando tú
y tu observador se miren a sí mismos y a los demás.
Esta es la puerta a la edad de oro
y el futuro depende de nosotros.

NOS ESTAMOS PERDIENDO LA SABIDURÍA DE LOS ANTEPASADOS

Tengo buenas y malas noticias, así que, de una vez, quitemos las malas del camino: no tenemos suficiente petróleo, aire limpio, agua y gas para mantener a esta cantidad de personas en nuestro planeta. No sabemos cómo distribuir la riqueza o los alimentos a los necesitados. No sabemos cómo desterrar el genocidio, la esclavitud infantil, los cárteles de la droga, el comercio sexual, la guerra o el mal. Son problemas muy, muy grandes y es abrumador pensar en ellos. La gente me pregunta todo el tiempo: "¿Qué puedo hacer para cambiar las cosas?".

De eso trata este libro. De ti. Con tus maravillosos defectos de chiflado, hermoso, poderoso y con el corazón roto. ¿Te gustaría causar un impacto en el planeta y ser parte de un cambio positivo? ¿Te gustaría sentirte más en paz contigo mismo y ser un ser humano más feliz?

He aquí la buena noticia: el cambio global empieza en casa.

Sí, reciclar y ahorrar agua es muy importante, pero tu gran trabajo consiste en abrir los ojos a lo que en verdad eres (con verrugas y todo) y hacer las paces con esa persona torpe y maravillosa que llevas dentro. Si puedes hacerlo, entonces toda la negatividad, el miedo y la vergüenza que bloquean tu auténtica expresión, empezarán a desaparecer y podrás convertirte en un ser humano más poderoso y eficaz en este planeta.

Así es como empezamos a cambiar el mundo. Sanando a una persona a la vez, empezando por nosotros mismos.

La sabiduría de nuestros antepasados

Existe un cuerpo de sabiduría basado en muchas culturas antiguas: los indígenas americanos rezaban a las *cuatro direcciones*; los judíos cabalistas hablaban de los *cuatro mundos*; la cultura hawaiana del hula estaba inmersa en los *cuatro elementos*; los budistas escribieron las *cuatro nobles verdades*; y los egipcios nos transmitieron su versión de los *cuatro elementos*, basada en la astrología, la ciencia más antigua de la tierra. Estos pueblos honraban la tierra en la que vivían, no porque fuese una buena idea, sino porque dependían de ella para sobrevivir y tenían que prestar atención. Actuaban con piedras en los bolsillos y sabiduría en sus corazones.

Estas culturas cultivaron una visión amplia del mundo y utilizaron una posición de "observador" distante para evitar quedar atrapados en ese punto de vista miope que llamamos ego. Los ancianos de las culturas americanas y chinas miraban siete generaciones por delante cuando tomaban sus decisiones. Nosotros hemos descuidado esa sabiduría al vivir más de lo que nos hará felices hoy que de lo que traerá la paz a nuestros tataranietos y a sus nietos.

Como astróloga, puedo decirte que estamos viviendo en un período de tiempo que los profetas predijeron. Los mayas, los indígenas orientales que escribieron sobre el kaliyuga, los hopis y los incas, todos esos antiguos videntes sabían lo que se avecinaba y querían estar aquí para esta transición. No es de extrañar que para el momento en que se publicó este libro, nuestra población había alcanzado un clímax de siete mil millones. Todos los que alguna vez conociste están aquí.

Este es un momento de la historia sin igual. Nunca pudimos leer las noticias con tan solo pulsar un botón. En otros tiempos, un barco tenía que atravesar el océano con un mensaje que ya no era noticia. Nuestros antepasados llevaban piedras en el bolsillo; nosotros llevamos ligeros dispositivos electrónicos.

Sin embargo, caminamos hacia el fracaso, y eso también se predijo. Egipto, Grecia, Roma, Gran Bretaña: el ascenso y la caída de estas culturas está bien documentado; cada una de ellas acabó en el polvo y las ruinas. Nosotros, en Estados Unidos, estamos experimentando un gran giro y si no respondemos a los cambios que se avecinan, nuestro estatus de superpotencia se verá amenazado... no es que eso sea algo malo, solo digo que el cambio se avecina y tenemos que prestar atención.

Uno de los mayores problemas es que, como especie moderna, nos hemos acostumbrado a una vida mucho más fácil. Somos adictos a la comodidad y la conveniencia; no nos gusta el cambio ni lo deseamos y, sin embargo, deberíamos.

Duras verdades y la voz de la esperanza

Aunque somos una especie muy evolucionada y tecnológica, voy a decir lo impensable: somos primitivos y estúpidos. Estamos destruyendo al planeta y, al mismo tiempo, inventando innumerables formas de sanarlo. Nos cuesta mucho salir de la depresión emocional, hacer ejercicio con regularidad o comer de manera saludable. Sin embargo, contamos con miles de estudios que nos explican cómo estar sanos. Sabemos lo que debemos hacer. Estamos abrumados por la necesidad de cambio, y eso nos aterra. Organizaciones de todo el mundo están sirviendo de inspiración para un futuro diferente y haciendo un gran trabajo, mientras otros tantos organismos gubernamentales son dinosaurios que se resisten a estas nuevas ideas.

La economía mundial está cambiando. Estamos agotando nuestros recursos, el valor de nuestra moneda está variando. La preocupación por el medio ambiente es cada vez mayor. Sin embargo, queremos seguir como si nada. Fingimos que todo está bien.

Otra dura verdad es que, desde un punto de vista científico, es cuestionable que sobrevivamos: los glaciares están reduciéndose a un ritmo alarmante. El planeta se calienta cada vez más. No importa qué lo está provocando, es un hecho. Nos estamos derritiendo y puede que no haya mucho que hacer al respecto. Los científicos dicen que estamos a punto de no poder revertir los efectos del calentamiento.

Pregunta difícil: ¿qué les estamos dejando a nuestros hijos? Henos aquí, esperando sentados, con palomitas en la mano, preguntándonos: ¿podemos cambiar el viejo paradigma? ¿Alcanzará la condición humana un umbral de cambio real?

El tiempo es nuestro mejor maestro. A veces las dificultades son necesarias para aprender, cambiar y crecer. Sin embargo, con la introspección suficiente, incluso lo duro puede volverse blando. Las crisis, como los terremotos, desamores, cuestiones de salud y problemas financieros, nos brindan la oportunidad de abrirnos, tender la mano y recibir ayuda. El dolor es una puerta hacia la humildad y la sabiduría y hay bastante dolor, personal y global, para mantenernos ocupados. La puerta está abierta de par en par.

"Hay dos tipos de personas en este mundo,
los que son humildes y los que están por serlo".
—ANÓNIMO

En una época en la que tantos principios de la nueva era nos dicen que seamos positivos en todo momento, que no hablemos de lo negativo, te pido que hagas justo lo contrario.

Enfrentemos la verdad sobre la forma en que cada uno de nosotros vive, reconozcamos dónde no estamos viviendo en integridad y luego alejémonos de cualquier juicio negativo para que podamos cambiar, no por vergüenza, sino por amor y compasión hacia nosotros mismos y hacia la condición humana. Somos lo que somos. Necesitamos honrar nuestra naturaleza humana sin juzgarla para poder vivir desde un lugar más auténtico.

Tu misión elemental

Quiero reclutarte como agente de cambio. Para ello, necesitarás dos cosas: una es familiarizarte con los cuatro elementos tal y como existen en tu interior, y la otra es cultivar la posición del observador para que puedas tomar distancia y lograr el cambio, alterando la forma en que ves y vives tu propia historia.

Los cuatro elementos

AGUA: Durante nueve meses nos entregamos al impresionante poder femenino de un vientre lleno de líquido. Aquí reside la sabiduría del *silencio* y la *confianza*.

AIRE: El aire está en todas partes, es la fuente universal de la respiración y el lenguaje. Nadie puede vivir sin respirar ni comunicarse. Aquí reside la sabiduría del *asombro* y la *conciencia*.

TIERRA: La paciencia de una montaña, la generosidad de un árbol. La tierra es la roca inamovible que espera sin descanso nuestro respeto. ¿La cuidaremos? Si no lo hacemos, no te preocupes: ella sobrevivirá... pero puede que nosotros no. Aquí reside la sabiduría del *respeto* y el *balance*.

FUEGO: El calor de tu corazón y el fuego del sol conducen tu destino cada día. No podemos vivir sin uno ni otro. Aquí reside la sabiduría de aceptar tu misión *con plena convicción*.

Aprendiendo a cambiar

La vida moderna nos presiona para que cambiemos. Con tantos libros de este tipo disponibles, la espiritualidad nunca había sido tan popular y común. Como individuos y como especie estamos creciendo. Es una desafortunada verdad que nuestro mayor aprendizaje se logra cometiendo errores.

Es fácil juzgar a la humanidad, a nuestros vecinos, a nuestra naturaleza humana y a nuestra propia idiosincrasia. Hemos danzado con el mal, hemos jugado con armas, hemos intentado controlar y asustar a lo femenino para que se someta y casi hemos destruido la Tierra. La evolución se produce al aprender de nuestros errores y en ese sentido tenemos una larga historia: bombas nucleares, el holocausto, el 11 de septiembre, innumerables guerras, por mencionar solo algunos ejemplos. ¿Podemos perdonar a la naturaleza humana, a la especie y su largo camino por el carril de la evolución? ¿Me gustaría cambiar la forma en que aprendemos nuestras lecciones? Claro que sí. ¿Me encantaría ayudar a la gente a aprender de forma fácil? Por supuesto.

Como madre, quiero ofrecer un futuro positivo a mis hijos. Escribí este libro para compartir lo que he encontrado, que abarca sabiduría y esperanza. Lo que llamo el elemento perdido tiene una doble vertiente: 1) es el observador que hay dentro de ti, aquella parte de ti que puede mantenerse al margen de los juicios y verte a ti mismo con un enfoque más sabio y compasivo, como hacían nuestros antepasados. Y 2) el elemento perdido también se refiere a los elementos que conforman tu personalidad y, en concreto, a tu elemento más débil. Permíteme ayudarte a ver a través de los ojos del amor. Todo está bien y estamos justo donde los profetas antiguos lo predijeron: que llegaríamos a un momento en el que tendríamos que arrodillarnos y volver a lo básico. El agua es húmeda, el fuego es caliente, la tierra es pesada y el aire está en todas partes.

Lee y participa en los ejercicios y ejemplos de este libro para aprender a volver al nivel del suelo y reavivar la sabiduría de los elementos. Esta es la voz de la esperanza.

La buena noticia: Tienes el poder personal de marcar la diferencia. El poder de crear un cambio reside en tu interior. Es mucho más sencillo de lo que crees, y empieza por ti.

Introducción

Si te dijera que las partes de tu personalidad que más te disgustan, las más raras, las más extravagantes, las más indeseables, las que estás seguro de que, si las ven los demás, te quedarás sin amigos, sin trabajo y sin amor, son las puertas a tu paz interior y a tu felicidad?

¿Y si te dijera que todo lo que crees que está mal en ti, en realidad está bien y que todo lo que necesitas es darte permiso para dejar salir esas partes vergonzosas y ocultas para que por fin puedas ser libre de ser en verdad quien eres? ¿Y si te dijera que aprender a ser en verdad quien eres es una parte importante para sanar nuestro mundo?

Todo está al revés. A la mayoría de nosotros nos han educado para actuar como niñas y niños buenos y civilizados, para ocultar los aspectos de nosotros mismos que podrían ser inapropiados o que podrían molestar a la gente. No es una mala táctica de supervivencia, si no te importa sufrir la mayor parte del tiempo, que es lo que ocurre cuando solo dejas ver tu supuesto lado *bueno*.

Te deseo suerte al tratar de contener esas partes de ti que son excéntricas o rebeldes, las partes que ríen muy fuerte o lloran demasiado, sin tener efectos secundarios.

Este es un libro que va en contra de toda esa formación temprana sobre cómo ser "normal", que para mí no es más que una programación, como la de cualquier electrodoméstico. En todos mis años de práctica privada, no he conocido a ninguna persona normal. Ni una.

Esta es una historia sobre el permiso que te das a ti mismo para inclinarte hacia las partes más duras y menos queridas de tu persona y darles un poco de aire, lo que desde mi punto de vista como terapeuta y astróloga, es la clave de tu libertad, tu derecho de nacimiento.

Se trata de los elementos. Tú, yo y todos los que andan por el planeta estamos hechos de cuatro elementos básicos: agua, aire, tierra y fuego. Cuando sufrimos, significa que estos elementos están desequilibrados en nuestras vidas. La clave es ser capaz de discernir y etiquetar tu estilo único. Puede que seas una persona acuosa, emocional y sentimental que no siempre se siente cómoda con su voz, su aire. O tal vez seas del tipo terrenal, que necesita limpiar y organizar antes de salir de casa para sentirse bien y que echa de menos la diversión en la vida, su fuego.

No importa qué tipo de personalidad tengas. La clave es convertirte en el observador, activar el aspecto de ti mismo que solo es testigo, que no se queda en el autojuicio, sino que se da cuenta de quién eres sin tratar de cambiarte ni un poco. Es así de sencillo.

Por ejemplo, yo.

Mi personalidad tiene mucho fuego, lo que quiere decir que soy una chica **grande**, extrovertida y burbujeante con una gran personalidad. Pero, al igual que muchas personas fogosas, también soy en esencia tímida y lucho contra mi grandeza; temo dominar a la gente y de absorber toda la energía de la sala. No me ha ayudado el hecho de que en casi todas las relaciones en las que he estado hayan intentado apagarme. Así que, con los años, perfeccioné el arte de contenerme.

¿Imaginan lo que se siente contener toda esa energía ardiente? ¡Era como tener un explosivo en la boca! De niña estaba segura de que si abría mi boca quemaría toda la ciudad de Detroit. Así que me mantuve al margen, tomé decisiones seguras, y sufrí porque favorecí lo que creía que eran mis partes de niña buena y encerré los aspectos de mí misma que podrían meterme en problemas. ¿Te resulta familiar? Es como favorecer tu pierna izquierda sobre la derecha. Caminarás raro, cojearás, no estarás en equilibrio.

Así que me hice la buena durante mucho tiempo, dejando salir mi gran energía de vez en cuando, solo si me sentía segura. Para eso están los mejores amigos; mostramos nuestro verdadero yo a quienes sabemos que igual nos querrán. Esta es también la razón por la que acudimos a los terapeutas, para que nos vean y nos comprendan.

Es curioso que, a lo largo de los años como terapeuta y astróloga, haya notado algo recurrente en mis clientes: todos querían deshacerse de las partes de su personalidad que no les gustaban. En eso consistía el éxito para ellos. Para mí, estaba claro que la magnitud de su aflicción y su dolor era igual a la medida en que reprimían las partes más naturales de sí mismos. Mi trabajo era sacar esas joyas, nombrarlas y dejar que se celebraran.

Somos lo que somos, ¿verdad? No puedes cambiar tu piel. Y más vale ser uno mismo, ya que todos los demás puestos han sido tomados. La verdad es que, en mi caso, no podía deshacerme de mi fogosidad por mucho que lo intentara, como lo intenté por tantos años.

Busqué ayuda. Mi terapeuta de entonces tuvo una gran sugerencia: ir a una fiesta, pero no a cualquier fiesta, sino a la fiesta de Acción de Gracias de un tipo bastante famoso al que estaba visitando en Santa Fe. Además del hecho de que odio las fiestas, mi terapeuta quería que entrara en esa casa y actuara como si fuera la dueña del lugar. Pensar en eso me daba ganas de vomitar.

¡Estaba clara de que iba a ser una oportunidad de aprendizaje no muy agradable para mí! Pero estaba dispuesta, así que llegué a la fiesta, cogí una botella de vino de la mesa y empecé a moverme por la sala llenando las bebidas de la gente como si fuera mi fiesta. Les decía: "Hola, soy Debra, ¿cómo la estás pasando?", mientras me ponía cómoda con estos extraños. Un par de personas me miraron confundidas y tal vez se preguntaron quién era yo, pero seguí sirviendo. Luego me senté con dos hombres que estaban en medio de lo que parecía ser una discusión política muy seria y me metí de lleno como si hubiese estado allí todo el tiempo, como si yo también tuviese cosas **importantes** que decir.

Al final de la noche me lo estaba pasando genial y me di cuenta de que tener miedo a mi fuego era inútil. La verdad es que a veces soy fogosa y lo que vi fue que pude comportarme, sin quemar la casa, cuando expuse mi explosivo. Después de eso, el juicio que tenía sobre mí misma disminuyó y me sentí más equilibrada, libre para dejar salir más esa parte de mí.

Lo que hizo mi terapeuta fue ayudarme a amar la parte de mí misma que, según yo, estaba segura de que me mataría. Ahora, no voy a todas las fiestas y me apodero de ellas, pero puedo hacerlo si quiero; tener acceso a todas las partes de mí misma significa libertad y significa que no estoy gastando energía tratando de cambiar mi verdadera naturaleza. Al ser consciente, al ser el observador que no juzga, puedo ser solo un testigo y dejar que Debra sea quien es, y eso es lo que quiero para ti.

Este libro te enseñará sobre los elementos y te ayudará a reflexionar sobre aspectos de tu propia personalidad y dónde puedes fortalecer las partes de tu naturaleza elemental que están desequilibradas. Pero, aún más importante, este libro trata de despertar al observador que hay en ti, para que puedas experimentar la belleza y la plenitud de quien eres, lejos de los juicios.

Te mereces enamorarte de ti mismo, tal y como eres, en tu estado más natural. Este amor también te permitirá tener compasión por otras personas, comprendiendo por qué alguien es tan sensible, o demasiado hablador, o tímido, o como en mi caso, demasiado extrovertido. Convertirse en el observador inspira compasión y alimenta la sabiduría de todos nosotros. Cuando no nos juzgamos a nosotros mismos ni a los demás, somos más amorosos. Y cuando somos amorosos, cuidamos mejor de nosotros mismos, de otras personas y del planeta. Todos anhelamos ser amados y comprendidos, y eso empieza por ti.

CAPÍTULO 1

CRISIS

Es triste pero cierto, todos florecemos en el fertilizante del dolor. Las crisis que surgen en nuestras vidas están aquí para servirnos, no para hacernos daño. Aunque suene contradictorio, las crisis no son más que tu propia alma tratando de llamar tu atención y mostrarte tu camino.

El alma utiliza el dolor, la crisis y el trauma para despertarnos. ¿Quién inventó eso?

El agua es húmeda, el fuego caliente, la semilla del mango es muy grande, tu infancia fue diseñada para introducirte en el dolor, la muerte, el abandono, el abuso y la ruptura del corazón desde el principio. A la vida no le importa lo duras que sean tus lecciones, o si puedes manejarlas, la vida solo quiere que aprendas, crezcas y que mantengas tu corazón bien abierto. Esta vida te acosa para que aprendas lecciones y prestes atención a sus enseñanzas, lo sepas o no, te guste o no, lo entiendas o no. ¿Qué tipo de karma llevas? Buen karma, mal karma, qué pena que nadie sepa lo que significa.

Una dura verdad es que desde que naces llevas una maleta invisible llena de historias y dramas empacados, sin que los recuerdes de forma consciente. Tomas tu primer aliento, luego te dan una palmada en el trasero y quedas en el centro del escenario: un miembro de la raza humana. Puedes correr hacia el despertar o dormir a lo largo del camino, es una elección. Eso es la vida; un aliento, un poco de karma, un cuerpo y una gran y jugosa historia. Punto y final. Llegas y luego viene la herida.

Los terapeutas ganan millones de dólares ahondando en los detalles de tu historia. Te ayudan a descubrir por qué sufres y te escuchan con atención, buscando a quién culpar y cómo llegaste a creer tu versión del cuento. Te ayudan a encontrar soluciones para que te sientas mejor y luego te sugieren con gusto que vuelvas la semana que viene para la siguiente ronda.

No me malinterpretes, es importante contar nuestras historias y describir la herida, pero ¿con qué intención?

La pieza central de mi práctica psicológica y de otros terapeutas que valen la pena, es: ¿cómo puedo ayudarte a convertir tus trilladas historias en un regalo y una lección?

"La cura del dolor está en el dolor".

–RUMI

El poder de tu historia

He observado a la generación más joven, y lo siento por ellos, pero esa generación en particular está sufriendo. Se espera que los graduados universitarios salgan al mundo y sean exitosos, leales, confiables, amables, conocedores, respetuosos, puntuales, estén en forma, sean hermosos y ricos. Esperamos que se casen, paguen impuestos, compren una casa, vayan a la iglesia, no tengan nunca un pensamiento sexual con nadie más que con su pareja y críen hijos perfectos. Buena suerte con eso.

Lo que deberíamos decirles a nuestros hijos es: prepárate. Fallarás, te derrumbarás en algún momento; tendrás sobrepeso, adicciones y envejecerás. Tus hijos se drogarán y te harán daño; puede que les ocurra alguna tragedia. Puede que tus padres nunca te entiendan ni quieran entenderte y dudarás de ti mismo en cada paso del camino.

Estas son las percepciones que he recopilado al observar la naturaleza humana muy de cerca durante más de tres décadas. Te he estudiado y voy a hablar de lo evidente.

Todos empezamos decididos a amar a nuestra madre, a nuestro padre y a nuestros hermanos. Aceptamos nuestra educación infantil como algo "normal". Sin importar cuál fuera la línea de la historia (lo loca o recta que fuera) todos teníamos que comer, dormir, ir a la escuela, buscar el amor y encontrar a alguien a quien importarle. Nos vimos obligados, por las circunstancias, a aceptar la realidad de nuestros padres, hasta que pudimos abandonar sus hogares y comenzar nuestro viaje como individuos.

Fuéramos donde fuéramos, llevábamos la huella que nuestra infancia dejó en nosotros.

Uno de los propósitos de este libro es ayudarte a entender esas primeras historias y que te preguntes: "¿Cuál es la naturaleza de mi personalidad única? ¿Qué se supone que estoy aprendiendo como resultado de la historia de mi vida? ¿Tengo patrones que se repiten una y otra vez? ¿Tengo tendencia a tener el corazón roto? ¿Siempre me falta dinero? ¿A menudo me siento poco apreciado?". No importa cuántos libros espirituales leas, cuántos cristales sostengas o cuántos polvos de proteína verde bebas, no podrás liberarte de tu historia sin identificar tu disco rayado y tomar conciencia de cómo este te limita o te apoya. Eres quién eres, no se trata de cambiar tu propia naturaleza, sino de reescribir la historia, abrazando tu sombra con compasión, para que puedas bendecir esta vida y vivir en gratitud, como un ser bondadoso y amoroso.

Puedo decirte con confianza lo siguiente: dondequiera que viva tu mayor dolor, cualquier historia que te persiga como un amigo aburrido del que no puedes deshacerte, ahí está el combustible para cohetes que te guiará a tu propósito y sabiduría. Tu dolor y tu propósito son uno solo.

En lo que a mí respecta, considero que pensar en el dolor como la puerta hacia la sabiduría es una idea terrible porque todos vamos a resistirnos a él. Nadie se adentra de forma voluntaria en las lecciones duras. La mayoría de nosotros negamos, evitamos y nos alejamos del dolor tanto como podemos. Pero no importa, el dolor es nuestro principal punto de acceso para aprender las lecciones importantes y punto.

Tómate un momento para reflexionar, no es difícil de ver. Cada vez que has experimentado un dolor real has entrado en una fase de crecimiento. ¿Aprendiste la lección y cambiaste tu forma de actuar, o estás repitiendo tu historia una y otra vez?

No temas, tu historia repetitiva ha sido diseñada justo para ti. Considera el ejemplo del dalái lama. Si observas su vida, verás cómo fue configurado para aprender (y luego enseñarnos) a dejar ir.

Fue reconocido como el dalái lama a la edad de tres años y tuvo que dejar la casa de sus padres; eso es lo que ocurre con los *rinpoches*. Su santidad comenzó su larga práctica de "dejar ir" desde pequeño.

De adulto, tuvo que dejar ir una vez más cuando los chinos dispusieron que él y sus monjes ya no eran bienvenidos en el Tíbet. Se vieron obligados a abandonar su templo para no volver nunca más.

"La mayoría de nuestros problemas se deben
a nuestro apasionado deseo y apego a las cosas...".
– EL DALÁI LAMA

Cada uno de nosotros tiene una vida basada en una serie de lecciones. Si aprendemos las lecciones, nos convertimos en sanadores y maestros. Si no, seguimos siendo víctimas y alumnos, destinados a repetir nuestra necesidad de aprender la misma lección una y otra vez.

Uno de mis clientes fue ridiculizado y golpeado en tercer grado por ser afeminado. Ahora, es un maestro de tercer grado que está atento a las señales de acoso escolar y enseña a sus alumnos lo mismo que él aprendió en carne propia: la amabilidad y la compasión son tan importantes como las matemáticas y la lectura. Ser diferente fue la crisis que por fin le permitió convertirse en un hombre homosexual feliz y un excelente maestro.

Lo que hacemos con nuestra historia es la clave de lo que ocurre después. Si estás leyendo estas palabras, significa que estás buscando una fórmula para ayudarte a superar el dolor. Se necesita tiempo y madurez. El dalái lama dejó a su familia a los tres años, y nuestro amigo, el maestro, recibió su primera lección de acoso en el tercer grado. ¿Qué edad tenías cuando tu trauma dejó su primera huella en ti?

No hay duda de que la mayoría de nosotros atravesaremos el trillado camino de la "normalidad" y tropezaremos con fuerza contra el muro de la tragedia, nos desmoronaremos y volveremos a levantarnos. El alma siempre está esperando a que le prestes atención.

Todos perderemos la paciencia y nos rendiremos. Ese es el "factor ¡ay!", el trauma, el drama, la estúpida historia, la llamada de atención. Algunos de ustedes están en una crisis en este momento que involucra las finanzas, el desamor, la depresión, un susto de salud o problemas de relación. ¿Tienes la fe para seguir adelante? ¿Confías en que hay una enseñanza dentro de tu historia, que esta está sucediendo por una razón, y que estás en el momento justo?

"El hombre necesita las dificultades;
son necesarias para la salud".
— CARL JUNG, *LA FUNCIÓN TRASCENDENTE*

La crisis

Piensa en un momento de tu vida en el que la crisis haya venido a visitarte. ¿Cuál fue la historia que te golpeó en la cabeza? Tal vez descubriste que tu pareja tenía una aventura. Tal vez te diagnosticaron una enfermedad.

El ego dice:

—¡Dios mío, esto es terrible! He sido rechazado, no soy digno de ser amado. Dios me ha abandonado.

—¿De verdad? —dice el observador—. Tal vez esta sea una oportunidad para poner tu fe a prueba. Tal vez esto sea algo bueno y sea el momento de dar un paso atrás, reconsiderar tu vida y pedir consejo.

Es importante que la historia (la crisis) se cuente, pero no para que la consolidemos en la realidad y la llevemos como una insignia. ¿Qué sucedería si tuviésemos la sabiduría de examinar lo que nos pasó desde un lugar sin juicios y viésemos cómo el dolor nos presentó una oportunidad para aprender y crecer? Nuestras historias contienen los nutrientes perfectos para cosechar la sabiduría, te lo prometo. Nuestro trabajo como alquimistas es transmutar el dolor en sabiduría.

Los que estamos interesados en el crecimiento y la evolución, estamos dispuestos a comer veneno, así como el pavo real consume los hongos de los árboles y luego convierte el veneno en colores. Tenemos una elección: transformar nuestro dolor en belleza. Algunos elegirán dormir, otros despertarán dentro del sueño. Es una elección; puedes tener una vida de quejas y victimización, o una vida que llene tu alma.

> *"Cada uno de nosotros debe llevar una vida con conciencia*
> *y compasión, para hacer todo lo que podamos.*
> *Entonces, pase lo que pase, no tendremos remordimientos".*
>
> —EL DALÁI LAMA

El desamor, la enfermedad, la desesperación financiera, la muerte, el abandono, lo que sea. Tu trabajo en esta vida es pulir y refinar tus historias, triturar los trozos difíciles de tragar y convertirlos en nutrientes digeribles, no solo para tu propia evolución, sino también para la de toda nuestra especie. Para eso estamos aquí. Necesitamos crecer en nuestra humanidad sin juicios para poder vivir, contribuir y amar a plenitud.

Aprendiendo nuestras lecciones

Nada es lo que parece. Las lecciones que debes aprender parecen abrumadoras, pero son las que te ha asignado tu alma. Sé que suena espiritual y elevado, pero te prometo que es cierto. Una vez que cuentes tu historia, pensarás: "¡Qué historia me cuento a mí mismo! Tan derrotista y convincente, ¿será verdadera?".

¿Cuándo despertaremos?

Una de mis clientas, llamada Linda, descubrió que su marido la engañaba y quedó destrozada por ello. Tenían una relación sólida y perfecta de veinticuatro años, con un largo historial de compromiso y compenetración. Pero luego él se alejó del matrimonio.

Al poco tiempo de comenzar la aventura, ella lo descubrió y lo confrontó. Después de hacer el baile de la negación, él terminó admitiéndolo. Pero también se derrumbó, diciendo que la única razón por la que se había alejado era porque se sentía distante de ella y quería una conexión más profunda. Se sintió fracasado y experimentó gran remordimiento y dolor. Era casi como si no se reconociera a sí mismo; no podía creer lo que había hecho. Pude facilitar una conversación profunda que les permitió sanar. Aprovecharon la crisis para volverse a enamorar y se compenetraron aun más que antes.

En un mundo perfecto, habría un consejo de guardianes de la sabiduría a la entrada de la puerta del dolor y de inmediato te asignarían a un grupo de sabios especializados en posibilitar la cosecha de sabiduría del dolor. Cuando la vida grita tu nombre, utilizando la crisis para llamar tu atención, tu trabajo es agachar la cabeza, escuchar la voz de tu alma y decir: "Permíteme aprender. Estoy de rodillas". Y pedir ayuda. Esto podría ser lo más difícil de todo: ser lo bastante humilde para buscar consejo. ¿Y si enseñáramos esto a nuestros hijos?

La naturaleza humana —me atrevo a decir— es estúpida. Nos resistimos a los impulsos de nuestra alma. Si Linda y su marido hubiesen estado concentrados en lo que ocurría entre ellos, se habrían dado cuenta de que la vida les tocaba el hombro. Pero no estaban prestando atención, así que el golpecito se convirtió en la bofetada de la infidelidad.

¿Qué hace falta para que *tú* prestes atención? ¿No escuchas lo que ocurre en tus relaciones hasta que tu pareja te ha dejado? ¿Hasta que ha estallado la pelea? ¿Ignoras tu salud hasta que estás en la consulta del médico, tan agotado y enfermo que apenas puedes aguantar? El universo aumentará los retos para inducirte a despertar, pero siempre te dará un golpecito en el hombro primero.

Lo que descubrí es que la crisis casi siempre se esconde en una relación. En algún momento crítico, tú y tu pareja se toparán con la oportunidad de elegir: permanecer juntos o pasar la página. En las relaciones es donde se aprenden las mayores lecciones, o no.

He aquí otro ejemplo: Marion viene a verme porque ha estado coqueteando con la idea de dejar a su marido durante años y ahora dice que por fin quiere hacerlo. Con rapidez, me doy cuenta de que Marion ama a su marido y que él la ama a ella. Nunca lo dejará. Tienen una de esas conexiones de alma que vienen con pegamento. Pero Marion es el tipo de personalidad (tierra) que se queja. Nunca nada es suficiente; es un rasgo de la personalidad. La verdad es que ella se preocupa por él, por su familia y por su necesidad de seguridad por encima de todo.

Después de desarrollar una relación con ella, le digo:

—Vamos, cariño. No vas a dejar a tu marido. Tu trabajo es cambiar de opinión y ver a tu marido desde un nuevo ángulo. Él es tu aliado, tu maestro, tu lección.

¡Vaya si esa sesión le cambió la vida! La vi cambiar su actitud y su lenguaje al aceptar su destino.

También ocurre lo contrario, hay parejas que vienen a verme y son tan incompatibles entre sí que podría ser el momento de separarse. La persona de la que se enamoraron en algún momento ha abandonado el edificio, ya no son los mismos que solían ser al principio de su película. Les ayudo a enfrentarse al fuego de la dura realidad y les digo: "Está bien cambiar y está bien dejar ir". ¿Pueden admitir la verdad del cambio y evitar así una crisis total: una aventura, ruina financiera, el fin de la amistad? Pueden hacerlo si son capaces de enfrentarse a la realidad, evitando así la crisis y completando la relación sin culpas.

Este es el camino elevado de los seres despiertos, muy raro, por cierto. Levanta la mano si sabes ser honesto y transparente al final de un ciclo, de una relación o de un trabajo. Apuesto a que muy pocos la levantan.

Siempre hay alguien a quien culpar, por supuesto, pero la verdad es que la relación se acaba sin importar de quién es la culpa. La naturaleza humana no sabe cómo dejar ir, sin una crisis.

Si tuviéramos un círculo de sabios con los que consultar, como en los tiempos de antes, podríamos eludir este comportamiento infantil tan anticuado y triste, e introducir la sabiduría y la compasión. Reconocer el amor que fue, las lecciones aprendidas y la honesta tristeza de que la relación haya terminado.

El poder reside en la aceptación y en entregarse a lo que es. La naturaleza humana es inmadura. No se puede mover una montaña ni cambiar el linaje. No podemos cambiar de forma instantánea nuestros patrones. Lo que puedes hacer es renunciar a la necesidad de la mente de juzgar la condición humana. En verdad amo a la humanidad, incluso con todos nuestros defectos, pero solo con un observador bien desarrollado puedes unirte a mí. Ese es nuestro tema en el capítulo 2.

Tienes que seguir tu propio ritmo. Algunos somos rápidos en dejar ir (aire y fuego) mientras que otros arrastran los pies (tierra y agua), y esto no es bueno o malo. Solo estamos siendo nosotros mismos.

Tenemos que confiar en el tiempo y en la simple sabiduría, ser auténticos a toda costa y, sobre todo, saber que la crisis seguirá encontrándonos para mantenernos despiertos. No es fácil aceptar la crisis como un regalo. Linda y su marido lo hicieron. Marion escapó de una verdadera crisis buscando consejo y recolectando sabiduría. ¿Qué te está acechando en este momento? ¿Qué lección está tratando de llamar tu atención? ¿Hasta qué punto estás dispuesto a pedir ayuda?

Hace años inventé una oración:
Que me despierten mis lecciones antes de que suene la alarma.
Que mi sueño sea liviano y pueda escuchar las señales y mensajes que se me presentan antes de que la sartén me golpee en la cabeza.
Repite conmigo:
La vida cubre mis espaldas. Intenta enseñarme las lecciones que he venido a aprender, aunque no me gusten. La depresión, cansancio, decepción, frustración o dolor físico vendrán. La vida cubre mis espaldas.

En lo que a mí respecta, soy siempre optimista. Cuando mis clientes entran en mi consulta con cara de confusión, los veo con alegría. Incluso con la enfermedad y la muerte, sé que con el tiempo puede aparecer un regalo.

El camino humano siempre supone dolor y oscuridad. Mira cómo nacemos, a través del dolor. Así son las cosas aquí.

Ser humano implica ser humilde; en el peor de los casos, implica la humillación. Cada uno de nosotros caminará por la avenida de la vergüenza. Podemos sentirnos perdidos y sin timón. Pero es en esos momentos, en los niveles más profundos y de rodillas, cuando aparece nuestro suave vientre, abierto y tierno. Y al fin aprendemos: *ser vulnerables requiere mucho más valor que pretender que somos fuertes y estamos por encima de todo.*

¿Te permitirás voluntariamente ser humano, sin escudos ni pretextos? Está bien admitir: tengo miedo. Te quiero. Estoy triste. Estoy acabado.

A la Tierra no le importará si los humanos se despiertan con sutileza o no. La evolución seguirá adelante sin nosotros, como hizo con los dinosaurios, indiferente a nuestro dolor. Me gusta pensar que somos un experimento de los dioses. Nos observan y se preguntan qué camino tomaremos. Te están observando, preguntándose si estás mirando hacia arriba y escuchando a tus guías, espíritus, ángeles y sabiduría.

La pregunta es: ¿sientes los empujones y escuchas los llamados? ¿O hace falta un drama para llamar tu atención?

A lo largo de la historia, los humanos han sido creados para experimentar la miseria, la depresión y la lucha. Mi misión es disfrutar mientras me entrego a mi auténtica humanidad. Mi chiste favorito es que soy la presidenta del club *Judíos por la Alegría*. Me resulta difícil tener membresías permanentes. Anhelo encontrar a los que han elegido la disciplina y la salud, a los que saben equilibrar el placer y la indulgencia, a los que pueden encarnar una versión honesta de lo humano y lo divino y que utilizan su dolor como una puerta a la sabiduría.

Pero primero es útil saber cuál es tu naturaleza y cómo se presentan tus historias.

La crisis y el poder de los elementos

Si estás aprendiendo del agua, sigues tropezando con la depresión, cambios de humor, adicción o tan solo la tristeza de tu infancia y su huella.

Si estás aprendiendo del aire, te resulta difícil tomar decisiones, mantener relaciones o decidir qué serás cuando "crezcas". Estas preguntas te persiguen como el viento; no puedes dejar de pensar en ellas.

Si estás aprendiendo de la tierra, te quedas atascado en tu trabajo y en cuestiones de dinero y seguridad. Tus dietas y tu disciplina van y vienen. Y tu integridad en torno al bien y al mal será inconsistente.

Y si estás aprendiendo del fuego, el drama te perseguirá. Te atacan, alguien se enfada contigo, le gritas a alguien y no puedes quedarte quieto ni siquiera cuando es el momento de relajarte.

Estos próximos capítulos sobre el observador y los elementos te darán la oportunidad de ser consciente de tu propia naturaleza elemental y de tu tipo de personalidad. Esto te ayudará a estar atento a las lecciones que tienden a llegar a ti.

CRISIS DE AGUA

Problemas de peso, depresión, soledad y adicciones a las drogas, el sexo y el alcohol. Vivir con una enfermedad crónica o un sentimiento de desesperación. Navegar en olas emocionales de felicidad y luego tristeza. Sentir el dolor colectivo, pero no saber qué está pasando, o malinterpretar el dolor de alguna manera abstracta. Cuando se pregunta qué pasa, la respuesta es "no lo sé". Sensación de vacío y falta de fe. Sentir dolor por los animales y su maltrato. Pesimismo y desesperación como plataforma de aterrizaje.

CRISIS DE AIRE

Cortar los sentimientos de la gente. Tener amigos y luego perderlos. No terminar los proyectos. Ser indeciso. Cambiar de opinión y de pareja sin saber por qué. Relaciones a corto plazo. Múltiples matrimonios. Cambiante y voluble. No ser capaz de comprometerse. No saber nunca qué quiere hacer con su vida. Desconexión con los hijos o los padres. Atrapado en las mentiras.

CRISIS DE TIERRA

No tener suficiente placer o satisfacción sexual. Adicto al trabajo, pero insatisfecho con el mismo. Nunca es lo bastante bueno. Demasiado responsable y nunca correspondido. Se queja de tener que dar demasiado. Agotado y triste de que la satisfacción se vea siempre lastrada por la necesidad de seguridad. Quiebra u otras cargas o crisis financieras causadas por el cuidado de los miembros de la familia y de otras personas a sus expensas.

CRISIS DE FUEGO

Relaciones rotas que terminan con un drama. Rey/reina del drama que agota a los demás. Sentirse poco apreciado y atacado. Necesidad de atención. Promiscuidad sexual y adicciones. Alcohol y/o miedo a las drogas. Crisis con la ley. Sentirse rechazado en la vida y limitado en el éxito. Vivir por encima de sus posibilidades.

CAPÍTULO 2

EL OBSERVADOR

*"La evolución futura y superior pertenecerá
a aquellos que viven en la alegría, que comparten
la alegría y que difunden la alegría".*
—TORKOM SARAYDARIAN

La lectura de este libro te ayudará a identificar las dos voces que te hacen humano: tu ego y su parlanchina e interminable extravagancia, y lo que yo llamo el sabio observador que es paciente, no juzga y es amoroso. Aunque parezcan diferentes, en realidad ambos quieren lo mejor para ti, solo que lo hacen de formas muy distintas. El ego ocupa el centro del escenario; es un verdadero ladrón de espectáculos. Sabe lo que quieres, lo que no quieres, te orienta hacia las cosas que te harán feliz, te aleja de las cosas que podrían ser molestas. A veces tu ego es llamativo y ruidoso, otras veces es tímido y cohibido. También viene con un práctico coro de voces internas de constantes comentarios, diciéndote cómo te ves, qué te haría lucir mejor, quién te quiere, quién no y qué es lo mejor para no salir lastimado. Suena como un buen amigo, salvo que tu ego también habla mal de ti y opina sobre todo lo que haces, comentando desde tu última metida de pata hasta tu último éxito.

En cambio, el observador espera con paciencia entre bastidores a que le inviten a entrar, susurrando con suavidad solo cuando tiene algo significativo que decir.

En comparación, el ego suena muy mal, ¿verdad? Escandaloso, exigente y crítico. Es como el ruidoso pregonero de una feria que nunca se va a casa porque el espectáculo nunca termina. Por no mencionar que se toma todo como algo personal: yo estoy mal, yo estoy feliz, yo estoy triste, yo tengo sobrepeso, yo soy delgado, yo soy feo, yo soy guapo, yo soy rico, y así sucesivamente. ¡La palabra clave es YO! Parece un cantante de ópera calentando la voz: "Yo, yo, yo, yo, yo...". No es de extrañar, es la fuente de todo nuestro drama. Pero ¿por qué? Porque el ego quiere que te sientas bien todo el tiempo. No se trata de un juicio, sino de una verdad. El ego vive para obtener sensaciones, atención y buenas historias. Cuanto más grande sea tu vida, mejor se sentirá. Piensa en él como un cachorro necesitado. Acaríciame, quiéreme, aliméntame, ¿no soy lindo?

Todo este loco drama proviene del deseo del ego de protegerte y mantenerte a salvo, algo así como una de esas madres helicóptero que intentan controlar todos los movimientos de sus hijos para que las cosas les salgan bien. El ego tiene buenas intenciones, pero está un poco desorientado, por no mencionar que es muy temeroso.

Ahora veamos al observador.

El observador (el testigo, nuestra alma, nuestro yo superior) nos ayuda a ver las cosas de forma objetiva, como son en verdad. Tiene una postura de sabiduría y compasión. Nos permite salir del preocupante escenario del ego en nuestras vidas, mirar atrás y revisar las cosas desde lejos. Desde este punto de vista más distante, nuestros dramas e historias son menos convincentes y distractores, incluso parecen simpáticos y tiernos.

—Ay, mira lo que ese tonto ego está haciendo de nuevo —dice el observador—. ¡Qué tierno!

El observador es uno de los "elementos perdidos", la parte de ti mismo que te permite comprender tu peculiar personalidad más allá de los juicios, como si fueras un ángel echando un vistazo a su naturaleza humana. Tu observador, el testigo, la voz sabia, silenciosa y profunda, tiene la capacidad de enseñar, domar y apoyar a tu despiadado ego. Cuando se le invita a entrar, dice:

—Oye, estás haciendo eso otra vez, te has perdido en el drama. No pasa nada, tranquilízate, respira. Estás haciendo lo mejor que puedes.

¿Sientes la compasión aquí? No te juzga, solo te hace una gentil observación.

El observador cultiva la humildad y un enfoque más gentil de la vida. Te ayuda a ser bueno para decir cosas que tu ego rechazará, como "lo siento, necesito ayuda, he cometido un error, me he equivocado". El observador nos permite quitarnos la máscara del ego protector y volvernos transparentes, reales. Todos los sanadores o buenos maestros pasan mucho tiempo en el terreno del observador.

Imagina una enorme plataforma de observación con forma de herradura y piso de cristal, anclada en un acantilado de piedra caliza del Gran Cañón a 1.000 metros por encima del abismo que hay debajo. Al mirar hacia arriba, el cielo turquesa parece interminable y puedes ver a kilómetros en todas las direcciones. Al mirar hacia abajo, el río Colorado aparece como una delgada cinta de color verde y los turistas que montan en burro abajo parecen pulgas. Es una vista maravillosa, porque con tanta perspectiva no puedes centrarte en las cosas pequeñas. Todo lo que observas es la majestuosidad de la vista, sostenida bajo un cielo magnífico. Esta es la plataforma donde vive el observador.

Una vez en la plataforma, prepárate para que surja la bondad, porque esto es lo que ocurre cuando dejas de intentar microgestionar todos tus movimientos para quedar bien. El observador está obligado a sanar, a cuidar, a amarte; por desgracia, suele ser saboteado por el ego.

Mi trabajo como terapeuta y astróloga es ayudarte a que te enamores tal cual de lo que eres (de tu personalidad excéntrica y egoísta) y también presentarte a la pareja de tus sueños: tu compasivo observador, quien sonreirá, se encogerá de hombros y te dirá con dulzura:

—Oye, lo estás haciendo bien, inténtalo de nuevo.

El hecho es que no puedes cambiar lo que eres. Tus reacciones y sensibilidades emocionales no van a ser arrancadas como un pelo encarnado. Somos una agencia de fabricación de historias de la naturaleza humana. Así que date cuenta y ajusta tu comportamiento desde un lugar de amor.

Puedes leer todos los libros espirituales que quieras, puedes meditar en cojines, comer pan integral y beber proteína en polvo, pero cuando tu ego se desencadena o es violado, sin duda reaccionará, hará un berrinche, llorará, gritará, se esconderá o divagará, dependiendo de tu tipo de personalidad. Todos los egos de este planeta tienen algunas cualidades bastante inmaduras, nada de lo que el observador no pueda reírse, aprender y tal vez incluso ajustar con el tiempo.

Una maestra con la que estudié dice que una vez que desarrollas tu observador nada puede herirte, que el ego se acallará y calmará. Incluso si se dispararan flechas de trauma y dolor en tu dirección y te golpearan, una vez consciente, el dolor tan solo aterrizaría a tus pies. Ella decía:

—Nadie puede hacerte enfadar cuando estás en tu observador.

Eso no es verdad para mí.

Mi maestra era muy espiritual, y, de hecho, en casi todos los círculos espirituales y modelos psicológicos, el ego tiene mala fama. Se nos dice que lo superemos, que escuchemos con nuestra alma y que nos identifiquemos con nuestro yo superior. Tratar de ser "bueno" es un gran pasatiempo, sin embargo, tengo un nuevo trabajo para ti: acepta el hecho de que tú, al igual que todos los demás, eres humano, humilde y con defectos. Todos sentimos y todos fallamos. No te engañes, nadie está hecho de teflón. Después de haber trabajado como terapeuta con muchas personas, puedo asegurarte de que gran parte de tu defectuosa infancia permanece contigo, lo sepas o no. Es lo que te formó y te hizo ser *tú*.

Todos crecemos heridos de alguna manera; no nos sentíamos apreciados, sentíamos vergüenza por nuestro aspecto, por las cosas que decíamos. Nos castigaron por molestar a nuestros padres cuando lo único que queríamos era que nos quisieran. Vivimos reaccionando a alguna versión de una vieja historia, año tras año. Creemos que es la verdad, que en realidad no somos queridos y que somos diferentes de alguna manera, así que el castigo continúa en nuestra mente.

Cuando una relación se acaba, cuando te engañan, cuando pierdes un trabajo o descubres que el cielo se está cayendo, reaccionarás. La naturaleza humana es una máquina reactiva, impulsiva y emocional, y por extraño que parezca, eso me encanta del ser humano. Me ha sorprendido y asombrado la naturaleza humana, cuando los que creía que eran mis mejores amigos se han convertido de repente en mis peores enemigos. Lloré a mares, confundida sobre cómo pude haber amado de una manera tan profunda y luego haber sido forzada por la vida a dejar ir.

Nuestra experiencia aquí en la Tierra exige que aprendamos a dejar ir a nuestros amantes, parejas, mejores amigos, padres, hijos y mascotas. Es doloroso y triste.

Un gurú estuvo llorando durante días por la muerte de su hijo. Sus seguidores le encontraron y le rogaron:

—Deje de llorar, maestro. No hay necesidad de estar triste. Déjelo ir.

Y él respondió:

—Márchense. Lloraré el tiempo que sea necesario. Es mi regalo como humano.

Qué sabiduría tan simple. El verso más corto de la Biblia es: "Jesús lloró". Ninguna cantidad de espiritualidad puede borrar el dolor de la tristeza o la desesperación; esa es una hermosa verdad: todos somos humanos y vulnerables. Eso es lo que nos hace dignos de ser amados.

Mientras que el ego puede empeorar las cosas, convirtiendo nuestras experiencias en grandes dramas, el observador juega limpio y es tu boleto a un mundo libre de juicios, donde no te tomas nada personal, en especial a ti mismo. La clave está en enamorarse de lo que uno es, con ego y todo, y encontrarse con uno mismo y con los demás, con el corazón abierto.

El dolor sirve para activar el alma. Me ayudó a hacer crecer mi observador y aplacar mi tristeza al aumentar mi conciencia de que todos estamos juntos en esto; cada uno de nosotros lleva una herida que puede ser aliviada. Cada uno tiene la opción de convertir el dolor en sabiduría; este es el papel del observador.

Te pido que practiques convertirte en el observador. Hacerlo en un momento no estresante es fácil y es una gran práctica que aliento, pero hacerlo cuando estás alterado no es tan fácil. ¿Cómo empezamos?

Imagina que estás siendo entrenado para un puesto en el gobierno donde tu trabajo es recoger información, sentir y percibir lo que está sucediendo, para luego reportar a la oficina central con un informe objetivo. Para ser bueno en tu trabajo debes recordar que hay una diferencia entre una percepción (la voz del observador) y un juicio (la voz del ego). Por ejemplo, al ver una tostada quemada, el observador dirá:

—Ay, mira, la tostada está quemada.

Es una percepción simple, sólida, rápida y objetiva.

El ego diría:

—Idiota, volviste a quemar la tostada.

Para observar, para percibir lo que está frente a nosotros, se requiere neutralidad. Simplicidad. Tan solo nombrarlo.

Así que la sanación comienza cuando encendemos el observador y solo vemos las cosas sin juzgarlas.

—Ay, no conseguí el trabajo.

—Engordé dos kilos.

Así es. Somos humanos, estas cosas pasan. Solo empiezan a significar algo cuando el ego se involucra con sus aterradores comentarios:

—¿En qué estabas pensando al comer ese pedazo de pastel?

—¡Te estás poniendo viejo, estás gordo!

—¡Apestas!

Esos son juicios.

¿Cómo serían nuestras vidas si aceptáramos y perdonáramos más nuestra naturaleza humana? La naturaleza de la psique humana está mal diseñada. Somos imperfectos. Seguiremos aprendiendo de nuestros errores; envejecemos, engordamos, nos hacemos daño a nosotros mismos y a los demás, somos humanos, crudos y hermosos. Eso es ser real.

Una vez que empecemos a despertar al observador compasivo que llevamos dentro, esa parte de nosotros que adora el privilegio de estar en un cuerpo, estar vivo y al servicio de la humanidad, entonces podremos ir más allá de nuestro drama personal y ocuparnos de los actos desinteresados para con un mundo que tanto necesita ayuda. Nuestro propósito en la Tierra es aceptar nuestra humanidad con gentileza y con el corazón abierto y hacer evolucionar la especie, recordando que eres un agente sanador, que evoluciona por todos nosotros. Cuando trabajas de forma independiente en ser en verdad tú mismo, todos nos beneficiamos. Ese es el único camino hacia un futuro saludable, empezando *ahora*. Eres tú siendo *tú*.

CAPÍTULO 3

ES ELEMENTAL

Quiero presentarte un modelo muy útil y eficaz para comprendernos a nosotros mismos y cultivar la compasión por nuestra naturaleza humana. Aunque parezca sencillo, es uno de los conceptos más importantes que conozco. Te animo a que te inclines hacia delante en tu silla y leas despacio. Es como volver a aprender a leer; aunque tengas una comprensión avanzada, siempre merece la pena repasar los fundamentos.

Piensa por un momento en nuestras cuatro necesidades más esenciales para vivir. ¿Dónde estaríamos sin agua para beber, sin aire para respirar, sin alimentos para comer y sin el sol para calentarnos? Estos cuatro elementos (agua, aire, tierra y fuego) no solo son fundamentales, sino que son esenciales para toda la vida. No podemos sobrevivir, ni existir sin ellos. Son la fuente sagrada de nuestra creación, los gigantes interdependientes que unen nuestro mundo. Y sus poderes comienzan desde el momento de la concepción.

Un orgasmo: todos llegamos a esta vida a través de un acto sexual, con algún tipo de explosión y liberación. El líquido seminal estimula el corazón que late y la vida comienza cuando se une al óvulo. Entonces la Tierra toma el relevo. El cuerpo asume una forma física basada en la genética y determinada por su ADN único, que crea su cerebro, su cara, sus órganos. Vivimos en un cuerpo de *agua* por nueves meses, hasta que al fin tomamos nuestro primer aliento (*aire*) y entramos al plano físico en los brazos de una madre y una familia (*tierra*), donde se celebra nuestra llegada, o eso espera uno (*fuego*).

Los cuatro elementos están ahí desde el principio. Y en el primer capítulo de la Biblia vemos los mismos elementos, en el mismo orden:

> En el principio creó Dios los cielos y la tierra. Y la tierra estaba sin
> orden y vacía, las tinieblas cubrían la superficie del abismo. Y el

Espíritu de Dios se movía sobre la superficie de las *aguas*. Entonces dijo Dios: "Hágase la luz" y hubo luz (*aire*). Y dijo Dios: "Produzca la tierra vegetación: hierbas que den semilla" (*tierra*). Y dijo Dios: "Haya lumbreras en la expansión de los cielos para separar el día de la noche y sean para señales y para estaciones y para días y para años" (*fuego*).

Los elementos en la práctica

Estos son algunos de los conceptos más importantes que utilizo en mi práctica psicoterapéutica, y que explican por qué mis clientes experimentan éxitos que superan con creces los límites de la terapia ordinaria. Los elementos nos sirven de innumerables maneras, desde el principio (con la concepción y la creación) hasta nuestras propias personalidades únicas y estilos peculiares. Somos un conjunto de factores elementales que toman forma en nuestras personalidades y preferencias. Cuando los elementos están desequilibrados, nuestras vidas pueden llegar a ser miserables.

Algunos de nosotros lloramos con facilidad, somos acuosos y propensos a la adicción o a la depresión y problemas de peso, mientras que a otros les encanta hablar y pensar: aire. Algunos incluso podemos pensar y hablar tanto que nos sentimos demasiado abrumados para tomar decisiones o mantener relaciones. Otros utilizan la tierra (el dinero y el mundo exterior) para sentirse seguros y protegidos, o para sentirse frustrados por no tener lo suficiente o por no acertar nunca. Y luego están los personajes atléticos, ruidosos y ardientes que nos empujan, gritan y nos inspiran a mover nuestro cuerpo y a buscarnos una vida, estos son mandones y están llenos de fuego. Si se desequilibran, se convierten en atletas obsesivos que necesitan destacar y requieren atención.

Estas cualidades son tan antiguas como el mismo mundo, han perdurado y perdurarán mucho más allá de los dinosaurios, los humanos o cualquier otra especie que haya llegado y se haya ido. Los elementos son tan cósmicos como terrestres, tan simples como complejos; describen nuestras energías y tipos de personalidad únicos y nos enseñan lecciones de vida; visten nuestras almas y nuestras personalidades. Aprender sobre ellos nos ayuda a entender dónde enfocar nuestra energía, cómo encontrar el equilibrio y cómo apreciar mejor el efecto que tienen en nuestros hijos, cónyuges, parejas y mejores amigos.

¿Cómo podemos ver la naturaleza de los demás y bendecirla, amarla y celebrarla sin molestarnos ni desear un cambio? La verdadera pregunta es si podemos aceptar nuestra propia personalidad curiosa que nos sigue a todas partes, porque hacerlo es sabiduría. **Imagina que nunca tuvieses que dudar de ti mismo, que entendieras tu idiosincrasia y la encontraras encantadora e incluso adorable**. Imagina que miraras a tu descuidado hijo o a tu perfeccionista madre y dijeras que eso es solo su desequilibrio terrenal. O cuando alguien habla demasiado, pensaras que ahí está su aire, y cuando no habla en absoluto, comprendieras que es tan solo su lado agua el que sale a la luz. Le encanta escuchar.

Este tipo de permisos son mi especialidad. Me encanta ver cómo las personas reconocen las causas de sus propias y peculiares personalidades, y, lo que es más importante, cuando comprenden que la aceptación real de su naturaleza es la puerta de entrada a la compasión. No es una excusa para decir "hablas mucho porque tienes aire", sino que es un estado elevado del observador para saber quién eres y de qué estás hecho. El objetivo de este libro tiene una doble vertiente: 1) despertar el elemento perdido, el observador que hay en ti, para que puedas vivir los aspectos de tu personalidad con más compasión; 2) ayudarte a ver dónde puedes estar desequilibrado con tu propia naturaleza elemental, dónde puedes tener mucho fuego y poco aire, por ejemplo. Así que cuando hablo del elemento perdido, a menudo me referiré al observador, pero también me referiré al elemento en el que eres más débil y que puede que necesites reforzar.

Piensa en tus padres, y, antes de seguir adelante, date cuenta de que hicieron lo mejor que pudieron. Mi madre (la doble de Bette Midler) tenía mucho fuego, por lo que tenía una necesidad constante de hacerse notar y destacar. Esa era su personalidad exterior: vestirse con colores brillantes, joyas y maquillaje; ese era su fuego. También tenía mucha agua (somos una combinación de todos los elementos, no podemos vivir sin alguno de ellos), así que era tan ardiente como emocional. Una vez que comprendí la constitución elemental de mi madre, también pude entender que simplemente era ella misma. Eso no me proporcionaba la madre atenta que yo necesitaba, ni me nutría del apoyo emocional positivo que yo ansiaba. Cuando comprendí su dilema, al menos pude dejar de lado la historia improductiva que había desarrollado con el tiempo sobre nosotras dos. Encontré compasión por mi madre.

Y ese es el don de los elementos: comprender a los más cercanos y no exigirles que se comporten de otra manera. Tuve un alumno, John, cuyo padre no hablaba mucho. Cuando John se dio cuenta de que a su padre le faltaba un poco de aire, dejó de intentar cambiarlo o exigirle que hablara más. En lugar de eso, aprendió a existir en silencio con su padre y se dio cuenta de que esto también era un medio de comunicación.

Ese es el lenguaje de la compasión, que nos permite aceptar a los demás en lugar de insistir en que hagan cambios imposibles para adaptarse a nuestra propia naturaleza. Espero ayudarte a desarrollar tu elemento débil o a aplacar al elemento demasiado activo, pero la verdad es que no puedes cambiar tu piel, tu naturaleza, sin alterar tu auténtico yo o sentirte incómodo y falso. Todos podemos identificar personas que parecen haber dejado atrás su verdadera naturaleza y que resultan "falsas" o "charlatanas" o tan solo incómodas en su propia piel, a diferencia de quienes parecen sentirse sin duda cómodos siendo y encarnando su verdadero yo.

Ciclo diario de los elementos

Quiero brindarte herramientas prácticas para entrenar tu mente y tener una visión objetiva de ti mismo. Me encantaría que te enamoraras de lo que eres y de la personalidad que te ha tocado.

A continuación, se detallan las principales propiedades de cada elemento:

AGUA – sentimientos
AIRE – intelecto
TIERRA – practicidad
FUEGO – energía

Si tienes demasiado o muy poco de un elemento en particular (lo cual puedes discernir con facilidad leyendo el capítulo sobre ese elemento y notando su conexión contigo), es probable que tu vida esté desequilibrada. Querrás hacer crecer y cultivar ese elemento subdesarrollado (o tener cuidado de no preocuparte demasiado por el que está sobredesarrollado) para volver a estar en equilibrio. Al igual que un automóvil en la carretera, las cuatro ruedas deben estar equilibradas para que la conducción sea fluida. Imagina cada rueda como un elemento: si una de las ruedas está baja, o demasiado inflada, el vehículo vibrará y se sacudirá.

Seamos o no conscientes de ello, seguimos ritmos elementales en nuestras vidas a diario. Empezamos cada mañana con un ciclo de agua: vamos al "cuarto del agua" (o baño), donde utilizamos el agua, nos lavamos la cara, nos duchamos. Luego nos preparamos una taza de té o café o tomamos un vaso de jugo.

Después, consultamos nuestros calendarios, hacemos listas, revisamos nuestro correo electrónico, y comenzamos el ciclo de aire. ¿Qué hay en mi lista de hoy? ¿A quién debo llamar? ¿Qué se me escapó ayer? ¿Con quién tengo que comunicarme?

Cuando terminamos de revisar nuestra lista, comienza el ciclo de tierra, pues empezamos a completar los puntos que hemos marcado, cuidando de los detalles y asegurándonos de que todo se ha completado. ¿Estamos ganando o perdiendo dinero? ¿Estamos cumpliendo los plazos? Hacemos nuestro trabajo y nos vamos a casa. Planificamos el trabajo, trabajamos en nuestro plan.

Por la noche, nos reunimos en la cocina alrededor de la estufa con un vaso de vino (agua de fuego) para compartir nuestro día. El ciclo de fuego continúa cuando nos sentamos juntos en el hogar, con la chimenea ardiendo, bien sea manifestando alegría, entusiasmo, compartir y celebración, o bien frustración, ira, lucha o queja.

Cada día giramos en torno a estos ciclos sin darnos cuenta. Tocan nuestra vida con frecuencia. Pero con un lenguaje que reconozca estos ciclos, somos capaces de movernos a través de nuestros ritmos con más facilidad y conciencia.

Conociendo los elementos

AGUA es el elemento de la meditación, la quietud y la pureza del amor. Es nuestro cuerpo de sentimientos. El agua transporta los recuerdos, la historia y las líneas de sangre. Es el cuerpo emocional que puede arrastrar las heridas y las decepciones mucho tiempo después de que se cuente la historia. Somos el eco de nuestro pasado a través de la huella de nuestros antepasados.

> ¿ALGUNA VEZ HAS ESTADO en una habitación llena de gente, te has sentido sensible al entorno y has captado de forma intuitiva los pensamientos de los demás? Y después de socializar durante un rato, ¿has salido sintiéndote agotado, con ganas de llegar al silencio del hogar para recuperarte a nivel emocional?

El uso adecuado del agua es saber liberar y perdonar el pasado. El agua, utilizada de la forma correcta, proporciona profundidad espiritual y alimenta la fe, incluso cuando es difícil mantener la esperanza. La estabilidad emocional y la sabiduría son la medicina para la depresión y la adicción. El agua saludable nos permite ser sanadores para que podamos ser capaces de sentir y procesar nuestros sentimientos en tiempo real sin arrastrar el pasado. El agua en su máxima expresión es el ejemplo del dalái lama, que perdona incluso a quienes le han violado.

Si eres AGUA... se te permite llorar, adormecerte, acercarte o alejarte bajo tus propios términos, imprevisibles y secretos. Puedes tomarte un tiempo lejos del ruido y el bullicio, pero prometiendo volver con tu sonrisa cariñosa y tu deseo de estar con nosotros tal y como somos. Te gusta la tranquilidad y estar solo, puedes ser propenso a la depresión, a comer en exceso o a beber. A medida que envejezcas, te volverás más sano y te preocuparás más por el cuidado de ti mismo. Con el tiempo, la autoaceptación te ayudará a darte cuenta de que nadie es normal, que está bien sentirse extraño entre los demás. La meditación es la forma más segura de encontrar paz y calma. Tu mayor reto es aprender a pedir ayuda.

AIRE representa la mente y nuestra capacidad de hablar, dar lenguaje a nuestros pensamientos. Se trata de las historias que nos contamos a nosotros mismos y que, o bien nos permiten creer y tener fe en la belleza y el amor, o bien limitan nuestras creencias, convenciéndonos de que somos menos y de que solo nos involucramos en relaciones rotas, gastadas y caducadas, o imposibles y ya. Tenemos la capacidad, con nuestros pensamientos, de crear un mundo lleno de paz y amor, o uno que destruya cualquier sensación de esperanza. Esta es la antigua verdad filosófica: *Somos lo que pensamos*. Desde el comienzo del lenguaje escrito, hemos valorado la mente por encima del corazón. Las palabras se han utilizado para separarnos. Pero los nuevos conocimientos (desarrollados por el HeartMath Institute) sugieren que el corazón está conectado al cerebro y que el cerebro es la sede del intelecto mientras que el corazón es la sede de la sabiduría.

¿ALGUNA VEZ HAS ESTADO en una habitación llena de gente en la que tu instinto social te hacía ir de una persona a otra, como una mariposa? Ay, cómo te gusta hablar con gente nueva… aunque te das cuenta de que has olvidado todos sus nombres…

¿y dónde dejaste tus llaves?

Con el uso adecuado del aire, la mente habla desde el corazón de forma auténtica y honesta. El uso correcto del aire crea una mente inocente y curiosa, abierta a las posibilidades y sumisa a la dirección divina, incluyendo la fe en los milagros.

Si eres AIRE… debes hablar, escribir o leer, seguir tu propio ritmo (te aburres con facilidad) y aunque necesitas tener gente a tu alrededor, esta solo resulta interesante a ratos, por lo que eres incapaz de formar parte de un grupo por mucho tiempo. La libertad es tu llamada; la curiosidad es tu don. Deja que tu fascinación te dirija y te cambie. Te encanta escuchar historias, pero te guardas las cosas para ti. Si hablas demasiado de ti mismo, quedas expuesto, y si hablas mucho, dejas de hacer algo. No te límites a hablar; actúa. Se te dan bien los detalles, aunque digas que no te gustan. Eres propenso a la codependencia, lo que es un don y una maldición; si evitas las relaciones, puedes sufrir una soledad silenciosa.

TIERRA quiere proveer y servir. Su función es contribuir, trabajar. La Tierra sobrevivirá sin importar lo que los humanos puedan hacer con ella. El uso adecuado de la tierra implica un sentido de filantropía que tiene en cuenta a las generaciones venideras. Sus virtudes naturales son cuidar y compartir. Aunque esto pueda parecer una teoría espiritual, no lo es. El trabajo y el servicio son las razones por las que estamos en esta tierra. Este elemento puede manifestarse como autoritario o arrogante, pero también puede ser el máximo proveedor para el bien de todos, bajando el cielo a nuestro plano terrenal.

¿ALGUNA VEZ HAS ESTADO en una habitación llena de gente mientras mirabas tu reloj porque tenías que trabajar? Decidiste ayudar en la cocina o hacer algo útil, y de la nada hiciste un contacto de negocios productivo para tu carrera profesional.

Si eres TIERRA... estás aquí para arreglar, curar y ganar dinero para apoyar a otros. Tienes opiniones firmes, si no arrogantes, y estás decidido a hacer lo correcto. Eres fiable, seguro, posees y esperas cosas buenas, aunque siempre piensas que deberías hacer más. Las personas cercanas a ti prosperan y se sienten seguras. No eres abierto a nivel social, excepto por razones profesionales. Alimentas tu ego con los reflejos externos de tus logros, aunque no buscas dinero o fama, sino un sentimiento de éxito y satisfacción por saber que has contribuido, que eres valioso y útil. Eres bondadoso y leal, pero si te traicionan te cuesta perdonar y olvidar.

FUEGO es honesto, justo y apasionado por las verdades contundentes y fuertes. Estamos en un momento crítico de nuestra historia, un momento al que podríamos calificar de desesperanzado e irreparable. Pero el incansable optimismo de fuego puede llevarnos a la verdad y hacernos creer que nada está mal.

El fuego es el elemento de la indulgencia, para bien o para mal. ¿Amas tu tarea de celebrar esta vida y lo

¿ALGUNA VEZ HAS ESTADO en una habitación llena de gente sin poder entender qué pasó con la fiesta? Abriste una botella, subiste el volumen de la música y gritaste: —¿Alguien tiene ganas de fiesta?
Y cuando solo hubo una respuesta, te fuiste con el otro fiestero y te dirigiste al bar más cercano.

haces con alegría y entusiasmo, o te escapas y te escondes? Como colectivo, estamos en un ciclo de fuego, todo o nada. Al fuego no le importa qué camino tomemos, si es hacia la creación o hacia la destrucción. El fuego es constante, pero no se quema. Tiene el coraje y la tenacidad de enfrentarse a las duras verdades en lugar de entrar en la negación y la desesperación, de aferrarse a la fe para que podamos surgir de las cenizas hacia un mundo nuevo y mejor.

El fuego significa saber utilizar la ira como un impulso proactivo para crear un cambio en lugar de destruir. El fuego exige que nos pongamos de pie en nuestras vidas con honestidad y pasión.

SI ERES FUEGO... estás aquí para inspirarnos y hacernos cosquillas. Quieres que la vida sea abundante, divertida y llena de energía. Siempre quieres una fiesta. Quieres enseñar o ganar. Puedes ser tanto ruidoso y entretenido, como tímido y reservado. Quemas la vela por ambos extremos, pero obtienes energía en el proceso. Cuando te entregas a la mejora de ti mismo y de los demás, no puedes ir despacio ni hacerlo con delicadeza. No te importa que los demás se enfaden o sientan celos de ti, aunque te sorprenda. Puedes sentir un enfado justificado, aunque necesitas entender el sarcasmo para que los demás no te hieran con él.

Trabajando en nuestra naturaleza elemental

Al final de este capítulo hay una breve encuesta en relación con los elementos. La encuesta te ayudará a establecer (para ti, en este momento) tu relación con cada uno de los cuatro elementos. Responde a cada pregunta con un "sí" o un "no": si la afirmación es cierta al menos el 50% de las veces, responde "sí" y califica 1; si es menos del 50%, responde "no" y califica cero; si estás indeciso, califica 1/2. Una puntuación de 7 a 10 significa que estás bien inmerso en ese elemento; si obtienes 6 o menos, es probable que te falte un poco de ese elemento.

Para trabajar en pro de equilibrar tus influencias elementales, lo mejor es que todas las puntuaciones sean más o menos las mismas. Explora tus patrones internos habituales, crea una nueva práctica destinada a actualizar esos comportamientos y empieza a desarrollar y mantener el equilibrio adecuado y a transformar tu vida:

AGUA   **Explora**: busca en tu interior e identifica las energías y los patrones del elemento en tu vida.

AIRE   **Articula**: ponle palabras a tus patrones elementales; habla y ríete de ellos con un testigo de confianza.

TIERRA **Investiga**: reconoce los puntos fuertes y los lados sombríos. Identifica y familiarízate con tus lecciones elementales.

FUEGO   **Transforma**: inicia una práctica para crear un nuevo paradigma.

Recuerda que el objetivo es mantener los cuatro elementos en equilibrio. A medida que aprendas a encender tu observador, a ganar compasión por la condición humana y a desarrollar una nueva práctica, es posible que quieras volver a realizar la encuesta como parte de tu viaje de transformación.

También encontrarás información sobre formas de profundizar en cada elemento en el apéndice al final del libro.

Autoencuesta de los cuatro elementos

La siguiente es una encuesta para establecer qué elementos son fuertes de forma natural en tu personalidad y cuáles están menos activos.

Haz la prueba y luego, al leer cada capítulo, vuelve a la puntuación y presta atención a si es un área que necesitas desarrollar o una en la que te sientes cómodo y te es fácil acceder.

El objetivo de este libro es ayudarte a tener los cuatro elementos en igual proporción y expresados a plenitud. Dicho esto, nadie tiene los cuatro elementos desarrollados; siempre hay un elemento que falta y uno o dos que vienen sin esfuerzo y son fuertes. Al igual que la analogía de que las cuatro ruedas de un automóvil deben estar equilibradas para que la conducción sea fluida, también es cierto que los cuatro elementos que hay en ti funcionan mejor cuando están equilibrados por igual.

Los resultados de las pruebas cambiarán con el tiempo. Hay momentos en la vida en los que se necesita uno de los elementos más que otro. Por ejemplo, poco después de tener un bebé, una nueva madre pasará meses buscando tranquilidad y paz para el bebé: el agua se convierte en el elemento principal. O la tierra se hace fuerte cuando se acaba de empezar un nuevo trabajo y se requieren detalles y precisión. Así que nuestra constitución elemental cambia. A medida que aprendas a equilibrar las cuatro partes de tu personalidad, notarás que la manifestación se vuelve mucho más fácil y que disfrutarás mucho más de tu vida y de tu capacidad constante de ser tú mismo.

Empieza por tomar la encuesta de los elementos que aparece en las páginas siguientes. Se trata de una encuesta rápida que establecerá, para ti (en el momento), tu relación con cada uno de los cuatro elementos.

Son repuestas de Si/No: si la afirmación es cierta al menos el 50% de las veces, responde "sí" y califica 1; si es menos del 50%, responde "no" y califica cero y si estás indeciso, califica 1/2. Esta encuesta también está disponible en línea en: DebraSilvermanAstrology.com.

AGUA

1. Lloro con facilidad

2. Soy sentimental (me gusta guardar objetos sentimentales)

3. Me quedo sin palabras cuando me enfado

4. Mi cuerpo tiene reacciones viscerales inmediatas ante las personas

5. Me cuestiono a mí mismo

6. Mi autoconversación tiende a ser negativa

7. Soy una persona privada y aprecio el tiempo a solas

8. Puedo ser hipersensible, a nivel emocional o físico

9. Me fascina lo sobrenatural

10. La música es una necesidad en mi vida

TOTAL

AIRE

1. Encuentro las palabras con facilidad y los demás me consideran hablador

2. Me gusta ver a la gente y hacer preguntas

3. Completo o termino las oraciones de las personas

4. Observo y analizo a las personas

5. Me aburro con facilidad de la gente y quiero pasar página

6. Me resulta fácil recordar números y detalles

7. Me distraigo mucho con los estímulos externos

8. Cambio de planes/rumbo con facilidad

9. Con frecuencia olvido dónde he puesto las cosas

10. La armonía es esencial, aunque el costo sea alto

TOTAL

TIERRA

1. Ahorrar dinero es importante para mí

2. Los demás me consideran práctico y centrado

3. Limpio cuando estoy molesto

4. Soy minucioso y deliberado cuando trabajo

5. Me encanta comer y soy sensible a los sabores y olores

6. Prefiero tener el control

7. Estar en la naturaleza es esencial para mí

8. Estoy orientado a los objetivos y obtengo resultados

9. La gente puede confiar en mí y me considera fiable

10. Soy lento para los cambios

TOTAL

FUEGO

1. Me gusta el ejercicio, el atletismo y el gasto de energía física

2. Soy directo y con frecuencia digo cosas que me meten en problemas

3. Tengo mucha energía y soy entusiasta y apasionado

4. A la gente le gustaría bajar mi volumen o piensa que soy muy intenso

5. Me resulta fácil reír y encontrar el humor en la vida

6. Me gusta mucho la filosofía y/o la espiritualidad

7. Inspiro a los demás para que tomen acción

8. La gente se enfada conmigo – el enfado puede ser un problema, ya sea mío o de los demás

9. Puedo ser el alma de la fiesta

10. Lucho por los desfavorecidos y/o me encanta discutir y debatir

TOTAL

CAPÍTULO 4

LA HISTORIA DEL AGUA

"A través del amor, todo el dolor se convierte en medicina.
La cura para lo que sea es el sudor, las lágrimas o el mar".
—ISAK DINESEN

Este capítulo trata del elemento agua, aunque es una historia sobre un bombero. Es curioso, pero a menudo los hombres de agua se disfrazan de otro elemento porque no les resulta fácil compartir su sensible lado acuático con el mundo.

Charlie es un tipo guapo. Durante unos veinte años, fue teniente en un departamento de bomberos de Nueva York, con una estación de un solo camión (seis hombres en cada turno). A lo largo de sus años en el departamento, se convirtió en un valiente bombero y un líder entre los hombres.

Charlie dice que apenas recuerda un día en el que no haya ocurrido algún tipo de incidente dramático en su estación: incendios en cubos de basura, gatos atascados en los árboles, humo saliendo de una casa. Él y su equipo estaban siempre ocupados. Luego, tras haber permanecido en el mismo trabajo durante más de dos décadas, llegó el momento de retirarse.

Su último día fue el 8 de septiembre de 2001. Fue un gran acontecimiento; su hermano voló desde Hawái para la fiesta, un asado. Luego Charlie entregó su cargo a su buen amigo, Paul Mitchell.

El sueño de Charlie era retirarse en Kauai y adoptar un estilo de vida mucho más tranquilo. Así que la mañana del 11 de septiembre de 2001, Charlie y su hermano estaban en un avión que salía de Nueva Jersey en dirección al oeste. Al poco tiempo de despegar, mientras sobrevolaban la ciudad de Nueva York, Charlie miró por la ventana a su lado y vio humo; enormes llamas y fuegos procedentes del World Trade Center. Estaba a kilómetros de altura en el cielo, muy lejos de su estación de bomberos, y su ciudad estaba en llamas. Charlie se quedó helado por el shock.

El avión se vio obligado a aterrizar en Ohio. Alquiló un auto y se dirigió de inmediato a la ciudad de Nueva York. Así de sencillo: el deber llamaba.

Su unidad estaba destrozada. El nuevo teniente, su amigo Paul Mitchell, había muerto, como muchos otros hombres, demasiados para contarlos; cientos de amigos de Charlie habían desaparecido.

Durante los meses siguientes Charlie permaneció en la ciudad, trabajando en la Zona Cero, buscando los restos de sus hombres y amigos. Lo llamaba "trabajo sagrado", ya que intentaba devolver la evidencia de sus amigos a sus familias. Era lo único que podía hacer.

Las personas de agua sienten el dolor como una sensación universal. Son de los que ven las noticias y lloran. Es como si el denominador común de la humanidad corriera por su sangre, como si navegaran sobre las olas de la sensibilidad colectiva.

El dolor nos transforma para bien o para mal; nos lleva a profundizar en nuestra humanidad. Podemos abrir nuestro corazón para sentir, o adormecernos y cerrarnos. Tanto el dolor como el placer son puertas emocionales que nos llevan a la vulnerabilidad, una palabra que conocemos demasiado poco hasta que la vida nos exige conocerla mejor.

Charlie se encontraba en el centro del dolor y no podía alejarse de él. Tenía que comerse este veneno, en parte por la pérdida de tantos amigos y en parte porque le atormentaba lo que había pasado. Cuando acudió a mí en busca de ayuda, con los ojos desorbitados por la confusión, se repetía una y otra vez estas preguntas: "¿Cómo es posible que me haya retirado el 8 de septiembre? ¿Cómo es posible que yo estuviera en el avión el 11 de septiembre? ¿Por qué Paul y no yo?".

Y lloró. Su dolor lo desgarró y este gran líder de hombres chilló como un bebé, ahogándose con sus lágrimas mientras hablaba. Esta era la forma sana de estar en el agua, de estar con el dolor y de mantenerse firme.

Charlie estaba haciendo su trabajo y no era fácil. Pudo haber convertido su dolor en ira, pudo haberse cerrado y no dejar que otra persona lo amara nunca más. Pero no lo hizo: lloró, dejó que el dolor lo tocara y eso lo cambió.

Estas son las grandes preguntas: ¿cómo nos entregamos al dolor emocional de la pérdida y encontramos sabiduría en él? ¿Cómo aceptamos lo inaceptable? La palabra clave es entregarse.

> Es como si el denominador común de la humanidad corriera por la sangre de las personas de agua...
> Ellos navegan sobre las olas de la sensibilidad colectiva...

Charlie no pudo responder a la pregunta de por qué se salvó, por qué sus amigos fueron los que tuvieron que caer. A veces no hay respuestas, lo cual es difícil para el ego que quiere inventar historias para que las cosas tengan sentido y no sintamos dolor. Charlie tenía un ego. Era un hombre poderoso cuyo trabajo era ayudar a la gente y estaba enfrentándose a su propia incapacidad para dar sentido a lo que había sucedido. Tenía que aprender a entregarse, a ser receptivo con sus sentimientos y a no saber cómo cambiar la aplastante crueldad de lo ocurrido. Tuvo que convertirse en un estudiante de la vida y, aún más importante, tuvo que aprender a perdonar a los hombres que mataron a sus amigos. Quizá por eso vivió para contarlo.

El perdón es una parte importante del desafío del agua. A lo largo de muchos siglos, ha existido un enorme cúmulo de dolor histórico que contamina nuestra psique colectiva. Nuestra memoria no nos deja olvidar el dolor de los antepasados y la historia corre así por las venas de cada generación: los judíos odian a los árabes, los negros a los blancos, los católicos a los protestantes y así. El agua saludable consiste en aprender a curar el dolor, a soltar, a pedir perdón y a continuar con una nueva historia.

El 11 de septiembre cambió a Charlie. Se convirtió en un instructor de yoga profesional con su propio estudio. Forma parte de una gran comunidad donde comparte su amor por la vida, su sensibilidad y su alegría. Me dijo que tenía que hacer que su vida tuviera mayor importancia por el hecho de que se le permitiera vivir, y eso es lo que ha hecho.

Por eso te pregunto: ¿a quién tienes que perdonar? ¿A quién tienes que pedir perdón? Esa es la puerta a la sabiduría emocional, y todo comienza con tu capacidad de perdonarte a ti mismo y a lo imperdonable. El agua limpia es la fuente de toda la vida.

CAPÍTULO 5

TRABAJANDO CON EL ELEMENTO AGUA

Agua: el programa de cuatro pasos de los elementos

La mente inconsciente está regida por las emociones. El agua es la puerta emocional de los cuatro elementos. Las emociones te piden que seas consciente de aquellos sentimientos que han permanecido ocultos en tu mente inconsciente; traerlos de vuelta a la conciencia objetiva te permite liberar viejas heridas. Se trata de comprender y practicar el arte del perdón, liberando el pasado (los recuerdos de la infancia) en un nuevo espacio de sanación y aceptación.

LOS PASOS

1. **EXPLORA**: busca en tu interior e identifica las energías y los patrones del elemento en tu vida.
2. **ARTICULA**: ponle palabras a tus patrones elementales; habla y ríete de ellos con un testigo de confianza.
3. **INVESTIGA**: reconoce los puntos fuertes y los lados sombríos. Identifica y familiarízate con tus lecciones elementales.
4. **TRANSFORMA**: inicia una práctica para crear un nuevo paradigma.

El agua proporciona una enorme capacidad de sentir. Con una memoria como la de un elefante, puede provocar la distracción del cuerpo emocional. El agua es sensible, su barómetro emocional oscila con frecuencia entre la compasión y el dolor. En el nivel más alto, el agua es la energía de Cristo; ama y quiere curar a todos y a todo. El nivel más bajo del agua es la empatía excesiva, que asume el dolor de los demás y tiene la posibilidad de sumirse en él, lo que puede causar depresión y derivar en años de terapia, en adicciones de trampolín y en problemas de peso.

El agua, o bien está agitada, o bien es muy buena para permanecer quieta. Hay dos posibilidades: o bien estás muy dotado para controlar el mundo de la negatividad (ser capaz de sentir la negatividad y no perderte en ella) o bien puedes llegar a asustarte a ti mismo con un mal pensamiento. Es un extremo o el otro. Eso es lo que ocurre con el agua. Yin-yang.

> Pregúntate: "¿en qué parte de mi cuerpo estoy sintiendo esto?"
> Deja que las emociones hablen, si quieren.

Demasiada agua, y te ahogarás en tus sentimientos.

Si no hay suficiente agua, tu cuerpo emocional se congela y quedas paralizado, como el hielo.

El agua saludable es la que obtenemos cuando aprendemos a sentir el dolor y a asumir nuestra parte en la generación de este; a soltarlo, a pedir perdón y a continuar con una nueva historia. Podemos aprender a encontrar la sabiduría emocional para elegir nuestras respuestas.

Estas son las grandes preguntas cuando se *EXPLORA* el agua:

- ¿Cómo me entrego al dolor emocional de la pérdida y encuentro la sabiduría en ella?
- ¿Cómo acepto lo inaceptable?
- ¿Puedo permitirme sentir y no alejarme de las sensaciones incómodas de la soledad, tristeza y depresión?

Tómate el tiempo de buscar en tu interior y reflexionar sobre tus emociones y la forma en que manejas tus sentimientos. ¿Cuáles son los pensamientos habituales que se repiten en tu mundo emocional?

Si te sientes atascado, pregúntate: "¿Dónde duele? ¿Qué estoy sintiendo?". Luego, encuéntralo en tu cuerpo. Pregúntate: "¿En qué parte de mi cuerpo estoy sintiendo esto?". Obsérvalo, con compasión, y permítete aceptar tu naturaleza humana. No sientas que tienes que dejarlo pasar; deja que las emociones tengan voz.

Revisa la encuesta de los elementos (agua) que completaste más arriba: ¿estás conectado con tus sentimientos? Si el número es bajo, la próxima vez que te sientas perturbado o afectado a nivel emocional, reconócelo. Cálmate, cierra los ojos y tómate el tiempo de permitir que los sentimientos se expandan, respirando. Los sentimientos solo necesitan tiempo, conciencia y aceptación.

> Es probable que seas sensible y ni siquiera conozcas el origen de tus estados de ánimo y sentimientos.

Cuando estés preparado, dedica un tiempo a escribir tus reflexiones en un diario. Llevar un diario es una buena manera de empezar a sacar tu diálogo interno y de ayudarte a identificar lo que sientes. Empieza con la palabra "siento".

Una vez que hayas escrito sobre ello, explora qué patrones y energías están asociados a tus sentimientos. Puedes utilizar la lista que aparece abajo si te quedas atascado. Empieza a utilizar la sabiduría del observador para ver tus patrones a distancia, como si estuvieras en el público viendo una obra de teatro. ¿Entiendes el argumento? ¿Has visto esta obra antes? ¿Crees que sabes lo que va a pasar? Todos repetimos patrones una y otra vez.

Entonces pregúntate: "¿De qué tengo miedo?". Escríbelo, habla de ello. El cuerpo emocional merece atención. Pregúntate: "¿El dolor es personal o colectivo?". Muchas veces lo que sentimos es una experiencia humana que se hace eco o se amplifica a través de las personas que nos rodean. Si has obtenido una puntuación alta en agua, es probable que seas una persona sensible o empática y que ni siquiera conozcas el origen de tus estados de ánimo y sentimientos.

Ve un paso más allá. Lee la descripción de las personas de agua. Vuelve a reflexionar y escribe sobre lo que sabes ahora con relación a tus comportamientos y patrones. Recuerda apagar el ego (el eterno juez) y encender tu observador, que no juzga e incluso celebra tu capacidad de cuidar y sentir.

Ahora *ARTICULA* y expresa tu contenido emocional repetitivo. "Siempre estoy preocupado por el dinero, el trabajo, los hijos, la carrera. Nunca es suficiente". Habla con un testigo de confianza, ríanse juntos de ello. Habla de la frecuencia con la que te asustas. Las personas de agua tienden a ser muy privadas, no quieren compartir las partes profundas y ocultas de su vida porque son muy emocionales, muy sensibles y por lo general les da vergüenza. Es seguro para ti abrirte a aquellos que entienden las emociones y son capaces de sostener tu corazón, porque no juzgan las emociones. Es eso lo que anhelas, ser escuchado y comprendido.

Las personas de **AGUA** se relacionan con estas afirmaciones:

- Lloro con facilidad
- Soy sentimental (me gusta guardar objetos sentimentales)
- Me quedo sin palabras cuando me enfado
- Mi cuerpo tiene reacciones viscerales inmediatas ante las personas
- Me preocupo por los que quiero y/o me cuestiono a mí mismo
- Mi autoconversación tiende a ser negativa
- Soy una persona privada y aprecio el tiempo a solas
- Puedo ser hipersensible, a nivel emocional o físico
- Me fascina lo sobrenatural (me atrae lo místico)
- La música es una necesidad en mi vida

Energías y palabras clave del agua

- Intuición, sentimientos viscerales, no verbal
- La familia de origen ejerce una influencia distractora
- Comienzo de cada ciclo que percibe, siente con la intuición
- Callado, introvertido
- Misterios de la vida, incluyendo lo oculto y la magia – habilidad psíquica
- Sensualidad, naturaleza amorosa e intimidad
- Altamente sexual, sobre todo en la adolescencia
- Sanador
- Madre, comodidad, hogar

- Gran capacidad de sentir; lágrimas, emociones
- Los miedos de la infancia son mayores para los niños de agua
- Hogareño, le gusta guardar y coleccionar cosas de valor sentimental
- Absorción de la negatividad; esponja psíquica y permeable
- Sacralidad, rituales
- Espacio personal; espacios sagrados
- Rige el inconsciente; fácilmente influenciable, fácilmente hipnotizable
- Cuidador; amor por la cocina
- Poeta, visionario, soñador creativo, rica imaginación
- El factor ñam-ñam; placeres de los sentidos
- Visión ecológica; gran compasión por la tierra física
- Decorador, diseño de interiores, gran estética
- Fuertes recuerdos de acontecimientos emocionales
- Siente el dolor; el dolor puede quedarse "atascado" en su cuerpo
- Música, meditación y yoga
- Necesidad de liberación
- Reactivo y muy emocional
- Perceptivo, intuitivo y receptivo
- Sensible, empático, mimoso
- Vacila; no le gusta pedir ayuda
- Recluido, reservado, privado
- Rigen sus sueños; inconsciente
- Cambia de humor con facilidad
- Sensible a nivel energético a las "vibraciones" y al mundo invisible
- Se queda estancado cuando tiene miedo
- Compasión
- En contacto con sus sentimientos; a veces supone un reto

Fortalezas de agua	Sombras de agua
• La capacidad de estar en quietud, de aceptar el dolor y el placer sin preferencia • La práctica del perdón y la aceptación; siente compasión por el agresor • Pone límites firmes, que permiten decir "no" sin culpas • La práctica y el arte de dejar ir • El cuidado personal como prioridad	• Demasiado protector y reservado • Cede los límites, se queja de que siempre da y nunca recibe • Indulgencia con el alcohol, drogas y sexo • Propenso a la depresión, a quejarse y a sumirse en las emociones, lo que puede llevar a la adicción • Temeroso, con paranoia o fobias • Hipocondría; se enferma mucho, sus emociones se manifiestan como síntomas en el cuerpo • Miedo a morir y miedo a la pérdida • Creencias negativas y limitantes; adicto a las limitaciones • Asuntos familiares no resueltos, se aferra a las heridas del pasado y las trae al presente • Proyecta sus propias faltas en los demás porque no puede ver fuera de su agobiante experiencia emocional • Falta de control de los impulsos. Reactivo y muy sensible • Puede distraerse con asuntos espirituales que los sacan del planeta

Para *INVESTIGAR* tus lecciones emocionales, adopta la actitud de un estudiante; reflexiona sobre la vida; hazte preguntas; explora tus patrones y hábitos. Tus lecciones elementales aparecen sin cesar pidiéndote que enciendas al observador y aprendas algo nuevo. A veces es un empujón silencioso, a veces es un grito en tu subconsciente, un bloque golpeándote, gritando: "¡Despierta!".

Aprende a utilizar el observador y a pedir lo que necesitas. Ten cuidado con tu necesidad de agradar y cambiar de forma como un camaleón, adoptando las cualidades de los que te rodean. Practica decir "sí" a tu alma y recibir de los demás. También es importante decir "no" y no sentirte culpable. Está bien que tú seas lo primero.

Familiarízate con la fuerza del agua y su sombra. Reflexiona y habla sobre estas cualidades.

El truco para lograr agua saludable es no permitir que tus emociones se acumulen: libera/expresa lo que sientes en tu interior. Está bien llorar, enfadarse. No abuses de la autocompasión durante demasiado tiempo. El alcoholismo, las adicciones sexuales y las adicciones basadas en el miedo pueden ser el resultado de albergar dolor en el cuerpo emocional y no tener medios para liberarlo (Alcohólicos Anónimos está lleno de personas de agua y fuego). Encuentra un medio positivo y constructivo para liberar tus emociones.

Asegúrate de no asumir el dolor de los demás. Cuando pierdas tus límites, no te quejes de que siempre estás dando y no recibiendo. ¡Deja de hacerlo! Solo acompaña a los demás, tómales la mano y deja que sientan. El agua limpia y clara promueve la sanación. La sabiduría del agua consiste en permitir que los demás experimenten su dolor, sin tratar de arreglarlo, tan solo permitiendo que la persona se sumerja en las profundidades de la tristeza, la desesperación o el dolor con gentileza y aceptación. Es saludable estar triste, pero si alguien se aferra a su dolor y no es capaz de superarlo a su debido tiempo, se producen efectos secundarios que impiden la alegría y son la fuente de la depresión, la negatividad y el mal humor.

> Cuando empieces a honrar tus emociones, desarrollarás compasión por la naturaleza humana.

La ira es una emoción que esconde la tristeza. Algunas personas recurren a la ira, mientras que otras recurren a la tristeza. En ambos casos se trata de una reacción saludable que requiere atención y aceptación. Está bien estar triste o enfadado si lo haces desde tu observador.

Cuando empieces a honrar tus emociones, desarrollarás compasión por la naturaleza humana. Una forma gentil de liberar viejos patrones es darse permiso tan solo para ser "humano". Empieza por leer la lista de permisos que aparece a continuación y elige uno o dos.

Permisos de agua

- Me permitiré sentir y escuchar a profundidad. Mi alma anhela la tranquilidad.
- Está bien estar solo. Me daré tiempo libre, sin culpa, para disfrutar de mi tiempo de retiro.
- Sé cuándo dejar de nadar en mi sensibilidad. Es importante para mí mantener límites emocionales sanos con los demás y desarrollar la madurez emocional. A veces, solo debo descuidar mi sensibilidad que me distrae.
- Me permitiré celebrar mi sensibilidad como un don y no como una maldición.
- Está bien estar cómodo y en silencio. No tengo que hablar. Está bien evitar las fiestas. Se me permite valorar mi tranquilidad.
- Seré agradecido y reconoceré lo bendecido que soy.
- Me permitiré tiempo positivo para leer, meditar, ver la televisión y tomar siestas.
- Escucharé mi propia verdad, estando quieto y prestando atención a mi cuerpo.
- Me complace meditar, rezar y hacer yoga.
- Se me da muy bien el amor, el cuidado y la amabilidad, sobre todo con los niños y los animales. Esas son mis especialidades.

Ahora es el momento de *TRANSFORMAR* creando un nuevo paradigma. Puedes:

- Aprender a lidiar con la sensibilidad y liberar el pasado (recuerdos de infancia) para estar aquí ahora. Eso puede requerir un buen terapeuta o pasar tiempo en tu mundo interior con la intención de sanar.
- Aprender y practicar el arte del perdón y la aceptación. Rezar para pedir ayuda.
- Escuchar el lenguaje de los símbolos, los sueños y la intuición para hacer consciente el inconsciente. El agua tiene la capacidad más

desarrollada para fenómenos psíquicos, lectura de la mente y sanación.

- Desarrollar límites. El agua absorbe lo que está a su alrededor, por lo que hay que saber limpiar las emociones y los campos psíquicos de otras personas. El sahumerio, el incienso, las velas y la música son formas de limpiar tu espacio.

El uso correcto del agua es saber cómo y cuándo liberar y perdonar el pasado. El agua limpia es una profundidad espiritual que nos permite tener fe en que hay una razón para todo, incluso cuando es difícil creerlo. El agua saludable significa que hemos aprendido a sanar el dolor, a soltar, a pedir perdón y continuar con una nueva historia. Ahora, somos capaces de sentir nuestros sentimientos y procesarlos en tiempo real.

Para equilibrar el elemento del agua o crear una práctica para mantener un agua clara y saludable, he aquí algunas sugerencias:

Meditación

Aprender a meditar es la respuesta más rápida a la pregunta de cómo cultivar la estabilidad emocional del agua. Usando tu respiración, lleva el dolor hacia arriba desde el vientre y baja por tu espalda/espina dorsal hasta el cordón que te conecta con la Madre Tierra.

Permítete encontrar la voz dentro de tu cabeza que dice: "Estoy a salvo. Estoy protegido. Estoy provisto". Deja que estas palabras floten en tu cabeza y continúa respirando profundo. Repítelo una y otra vez. Actúa como si FUESE verdad. Pronto sentirás la seguridad de la presencia de tu alma.

Conecta con tus sentimientos y deja que tus emociones fluyan

Evita esconderte de tu vulnerabilidad y tus partes sensibles. Puedes probar escribir en un diario, reflexionando sobre algo que te haya tocado el corazón ese día. Llénate de valentía y empieza a compartir esas experiencias con alguien. Una advertencia: es importante llorar. Si hay depresión clínica en tu familia y tu mundo emocional parece estar fuera de control, no hay que avergonzarse de pedir ayuda; los antidepresivos en verdad funcionan y sabrás si los necesitas escuchando con atención a tu cuerpo.

Crea un espacio sagrado y ponte cómodo con el silencio

Crea o encuentra un lugar sagrado. Tal vez sea un camino tranquilo en el bosque o un rincón de tu habitación donde puedas estar contigo mismo y tocar los lugares sensibles de tu interior. Luego, cada día, saca tiempo para estar a solas.

Todo el mundo puede encontrar diez minutos al día para estar en calma y reconectar consigo mismo. Utiliza este tiempo como alimento silencioso para tu corazón.

Reflexiona sobre tus patrones; observa y respira

Recuerda tu respuesta al capítulo 4, "La historia del agua". El primer paso es observar y ver tus patrones y comportamientos: enuméralos, compártelos, perdónalos, ríete de ellos y luego déjalos ir. Luego piensa en un grupo de personas (tu equipo personal ideal) con las que puedas ser crudo y torpe. Invítalos a ser tu espejo para que reflejen e investiguen contigo el patrón desde un lugar neutral y sin prejuicios. Una vez identificados tus patrones, accede a hacer una pausa y respirar la próxima vez que empieces a repetir tus desencadenantes emocionales. Esto da a tu observador la oportunidad de aparecer. Piensa, haz una pausa, respira y recibe nueva sabiduría.

Tengo una clienta cuyo marido murió y durante años se quejó de la tristeza. Un día le dije: "Pongámosle a tu tristeza el nombre de tu marido"; y cuando aparecía, ella decía: "Ay, Henry está aquí de nuevo". Eso suavizaba su tristeza hasta convertirla en ternura y en un corazón abierto. Está bien estar triste.

Cuando las cosas se pongan difíciles, ríe

Sabes que tu observador está funcionando cuando eres capaz de reírte de ti mismo y de las situaciones que te provocan. El humor es el resultado de mirar tu humanidad desde la distancia. Todos estamos un poco locos y somos divertidos; la risa es el bálsamo curativo para todos.

CAPÍTULO 6

LA MUJER DE AGUA

Para la mayoría de las personas parezco segura por completo de mí misma, pero en realidad, tengo una baja autoestima que procuro mantener bien oculta. La verdad es que a menudo me juzgo con dureza; tiendo a pensar que mi trabajo podría ser mejor y que no soy atractiva. Los demás dicen que tengo talento y soy guapa, pero no puedo aceptar sus cumplidos; me centro en mis deficiencias. La salud y el bienestar son preocupaciones diarias; me inquietan las enfermedades y el dinero y desearía tener más autodisciplina. Cuando me siento emocional, dejo de comer por completo o me doy un atracón de mis platillos favoritos.

Cuando me siento deprimida o enfadada, puedo llegar a estar demasiado agitada. Puedo gritar y llorar sin motivo aparente. Me esfuerzo por controlarme y, por lo general, lo consigo. Cuando no logro contener mis emociones, el resultado es la vergüenza. Rara vez pierdo el control en público; solo mi familia y algunos amigos cercanos saben lo emocional que puedo llegar a ser.

Mis intensos sentimientos colorean mi mundo. No puedo fingir que estoy feliz cuando no lo estoy. A menudo necesito ayuda para alterar mi estado de ánimo durante el día con café, té o algo relajante; eso me permite aliviar la presión de mi sensibilidad. La música es esencial para mí; la música clásica o suave le habla a mi alma y tiene un efecto muy calmante. Estar al aire libre es la forma más fácil de olvidarme de mis problemas: puede ser tan sencillo como un paseo por el parque; no tiene que ser una expedición. Flores y arroyos, jardines coloridos, el océano, son los lugares donde me gusta pasar el tiempo. Los caballos, los gatos y los animales de todo tipo me fascinan; todo tiene una conciencia.

Social

Tengo una impresión inmediata, fuerte y visceral de las personas que conozco. O me gusta la persona o no me gusta. Rara vez soy ambivalente y las impresiones que tengo de la gente suelen ser correctas. Creo que puedo ver a profundidad dentro de ellos. Por un lado, es un don ser tan perceptiva; por otro, es un reto utilizar la información que recibo de forma responsable. Puedo ser impaciente con los demás y a veces me molestan. Me gustaría ser menos crítica.

Me siento cómoda estando sola, sobre todo en la naturaleza. Me gusta desconectarme y relajarme sin hablar demasiado. Cuando estoy con mi pareja, nos comunicamos a través del silencio. Para mí, el lenguaje corporal es tan importante como hablar. Puedo saber mucho de alguien por su aspecto y sus movimientos. Si estoy en una conversación larga, puedo perderme; la gente influye en mí fácilmente. Quiero comunicar lo que siento, pero no siempre tengo palabras para expresarme. Soy más feliz cuando estoy ocupada y mi mente está libre de pensamientos.

Entrego con voluntad la energía necesaria para mantener amistades a largo plazo. Elijo a mis amigos con cuidado y cultivo mis relaciones porque mis amigos son tan importantes para mí como mi familia. Soy muy impresionable. En situaciones sociales, respondo de forma instintiva a la esencia de una persona. Si decido que no es auténtica, me voy de inmediato. No socializo sin un límite de tiempo. Debo tener las llaves de mi auto a mano y la puerta a la vista o me siento atrapada.

Relaciones

Mis relaciones perduran gracias a mi total compromiso con el amor. Considero que es mi deber hacer sacrificios que hagan feliz a mi pareja. Soy una amante sensible y considerada. Prefiero las experiencias muy envolventes antes que los encuentros sensuales superficiales. La ternura me brinda el sustento emocional necesario. Cuando hay conflicto o desacuerdo, evito a conciencia involucrarme; la confrontación directa no es uno de mis puntos fuertes. A menudo analizo mis relaciones, intentando determinar qué momento de mi infancia puso en marcha un determinado comportamiento. Mi deseo es que todos abramos nuestros corazones y digamos la verdad con amor y amabilidad. La psicología y las relaciones son intereses constantes, al igual que los rituales y la espiritualidad.

Cuando una relación no funciona, soy reacia a quejarme; tiendo a ser reservada con las decepciones. Mi terquedad innata puede impedirme expresarme. Solo cuando la relación se acerca a su fin, revelo a regañadientes mis sentimientos. En realidad, las muestras de emoción me resultan desagradables. Lloro con mucha facilidad, lo cual es humillante y solo me lleva a encerrarme más en mí misma, donde puedo ser muy autocrítica. Cuando el problema se vuelve abrumador, busco por voluntad propia terapia o un mentor que me ayude con mis problemas.

Puedo ser una persona callada, aunque cuando estoy relajada y tranquila puedo ser muy habladora. Solo me abro a unas pocas personas selectas; para algunos, puedo parecer tímida, pero, en realidad, solo soy reservada. Soy cautelosa y defensiva hasta que me siento cómoda con alguien, sobre todo con los hombres. Los hombres que me gustan son sensibles y atentos; sé que serán pacientes conmigo. Pasar tiempo de calidad con mi pareja es esencial. Una vez que te considero mi amigo, me resulta fácil revelar mis sentimientos.

Soy una persona sensible, reservada y muy sentimental que solo quiere estar cerca de los que ama y cree que estarán ahí para mí cuando lo necesite. ¿Me entenderás?

Familia

Mis padres y familiares ocupan el centro de mi vida. Las responsabilidades familiares son prioridad; mi casa está siempre abierta a los que quiero. Me gusta hacer de anfitriona; soy considerada y cálida. Disfruto entreteniendo a mis seres queridos, cocinando y proporcionando una vida hogareña. Es un placer servir a mis seres queridos y siempre busco formas de acercar a la gente.

Me encantan los animales y los niños. Sueño con ser voluntaria en todo tipo de lugares, pero a menudo estoy demasiado ocupada ayudando a los demás y luego me siento culpable. A menudo siento que no estoy haciendo lo suficiente.

Trabajo

En el trabajo soy responsable, decidida y diligente. El liderazgo es algo natural para mí; mis colegas respetan mi capacidad para combinar una humanidad amable con una alta productividad. Brillo cuando se trata de creatividad; es mi característica más destacada. Ya sea en la música, el arte o la literatura, la inspiración me encuentra y sobresalgo. Soy más feliz cuando trabajo con mis manos o la creatividad. Mi ética de trabajo requiere que intente hacer mi trabajo de forma independiente; pedir ayuda es vergonzoso y lo evito. Absorta por completo en la tarea que tengo entre manos, seguiré trabajando mucho más tiempo del que debería. Solo cuando estoy agotada me planteo descansar y recuperarme. Para regenerarme, necesito tiempo a solas, alejada de todo el mundo excepto de algunos amigos o familiares.

Me encanta apoyar a mi familia. Demasiado a menudo me entrego por completo. A medida que envejezco y aprendo a valorarme, toda mi vida cambia. Mi lección es aprender a pedir ayuda y convertirme a mí misma en una prioridad.

CAPÍTULO 7

EL HOMBRE DE AGUA

Soy una persona sentimental; me gustan las situaciones profundas y ricas. La gente dice que soy un soñador y a menudo me preguntan en qué planeta estoy. Mis amigos dicen que soy distante y ensimismado; eso me sorprende, aunque sé que con frecuencia soy introspectivo. No pretendo ofender a nadie ni rechazarles, es solo que mi mundo interior me consume tanto que en ocasiones me distraigo. Lo llamo comunión con el alma; es mi manera de encontrar consuelo en un mundo sobreestimulado. Una relación estrecha con el espíritu es natural para mí porque estoy dispuesto a mantenerme tranquilo y esperar la inspiración.

La belleza me conecta de una manera directa con el espíritu. El color, la forma y la gracia me conmueven profundamente. Cuando mi alma está en paz, puedo ver la belleza que me rodea. Cuando mi personalidad está en calma, puedo fluir por la vida. Estar tranquilo y en paz es mi máximo deseo; estar en sintonía con la vida es mi aspiración. Cuando estoy centrado en mí mismo, los colores parecen más brillantes, el sol es más cálido y la presencia del espíritu está en todas partes.

Siempre me han gustado los rituales y sé cómo llegar a lo más profundo de mí para encontrar lugares sagrados. Por la mañana temprano, mi alma está más abierta y alerta; necesito conservar esas horas de tranquilidad para la introspección. La música siempre me inspira, sobre todo mientras cocino. Soy una persona doméstica y pasar tiempo en casa me rejuvenece. Una tarde tranquila viendo la televisión o leyendo un libro frente a la chimenea es felicidad pura. Crear un espacio acogedor en el trabajo o en casa es uno de mis placeres. Personalizar mi entorno me da una sensación de seguridad.

Cuando estoy estresado, mi naturaleza es guardar mis sentimientos; incluso en los mejores momentos me cuesta verbalizarlos. Cuando era joven, era mucho más sensible que los demás. Siempre me ha costado contener las lágrimas y ha habido momentos en los que he cuestionado mi hombría.

Anhelo que me comprendan, aunque a menudo deseo que suceda más allá de las palabras. Mi arte, mis sueños y mi generoso corazón deberían ser suficientes. Si el mundo fuese más suave, más amable y los hombres pudiesen ser más femeninos sin que eso desafiase nuestra virilidad, yo sería mucho más feliz.

Social

Soy una persona muy reservada, aunque tengo algunos amigos íntimos. Aunque no me abro a mucha gente, a los que dejo entrar los quiero de una manera profunda e incondicional. Tengo un lugar en la sociedad y contribuyo con mi punto de vista único para la mejora de todos. Soy artista, escritor, soñador y humanitario. Ayudo a las personas a encontrar la belleza en sus vidas. El misticismo y la espiritualidad son mis contribuciones. Sin mí como miembro de la sociedad, el arte y el mundo interior estarían descuidados.

No se me da bien la charla trivial. Me resulta difícil socializar y prefiero estar solo con mi familia, mi pareja o mis amigos íntimos. Las grandes multitudes me ponen nervioso y las evito; la presencia de tantos individuos hace tambalear mi estabilidad y me cuesta mantenerme centrado. Soy tan sensible a las personas que es como si pudiera ver a través de ellas. Las primeras impresiones suelen ser tan fuertes que me cuesta mantener la objetividad. A menudo no puedo soportar lo obvio que es lo que la gente está pensando y sintiendo, y me pregunto si son conscientes de lo transparentes que son. Cuando comparto lo que veo en otras personas, pareciera que las juzgase; en consecuencia, suelo ser reservado con mis opiniones sobre los demás. En el peor de los casos, puedo ser prejuicioso cuando atribuyo valores a mis percepciones, o, por el contrario, puedo ayudar a las personas a verse a sí mismas de una manera nueva a través de mis ojos. Soy un psicólogo por naturaleza.

De adulto, afronto mi sensibilidad manteniendo la distancia con la gente. De niño, creía que era diferente a los demás, un bicho raro, y me costaba encajar. Me tildaron de solitario cuando estaba en la secundaria y algunos de los chicos me llamaban engreído; el rumor era que me creía mejor que los demás. De adolescente me sentía a menudo abrumado en situaciones sociales, ser sensible a tantos era agotador.

Relaciones

Soy un hombre muy sexual/sensual. El sexo es una de las formas en que toco mi espiritualidad. Mi sensibilidad se aplica también a mi forma de hacer el amor; me permite ser abierto y vulnerable. Soy un amante comprometido, pero ser rechazado, incluso con gentileza, es suficiente para quitarme el impulso. Soy demasiado sensible para ser asertivo después de un rechazo y me es aún más difícil verbalizar mis sentimientos heridos; ese es un tema del que no me gusta hablar. Por favor, no interpretes mi silencio como una falta de interés: me importa tanto que me resulta difícil hablar de ello. Me importa la humanidad, mi familia y mi alma. Soy profundo, espiritual y psicológico. Sé amable conmigo y me abriré.

Adoro a los niños y a mi mascota más cercana. No malinterpretes mis actitudes a veces frías como falta de interés; me importa tanto que me cierro para proteger mi cuerpo emocional. Si puedes estar en silencio conmigo y hacerme algunas preguntas, me abriré: el silencio es mi puerta de apertura.

Familia

Mi familia es mi principal fuente de contacto personal; a menudo esto supone una presión adicional para que mi pareja e hijos me proporcionen la intimidad que necesito. A veces siento que me pierdo porque antepongo las necesidades de la familia a las mías. Quiero tanto a mis hijos que puedo sacrificar mi propio bienestar para atender sus necesidades. Haría cualquier cosa por ellos; son muy importantes para mí. Solo pensar en ellos puede hacerme llorar. A veces, parece que se aprovechan porque soy muy pasivo y complaciente. Suelo ser adicto al trabajo y después de una semana de trabajo y las exigencias en casa, apenas tengo tiempo para mí.

Por mucho que ame a mi familia, las tonterías pueden molestarme, sobre todo cuando estoy sentimental. Una habitación desordenada, malos modales en la mesa, una voz quejumbrosa puede afectarme como si fueran insultos personales. Si reacciono de forma exagerada y emocional, es muy vergonzoso y siento que he fallado en ser un padre cariñoso y tolerante. Me resulta difícil disculparme cuando pierdo el control emocional; la humillación hace que quiera encerrarme en mí mismo hasta que se me pase el sentimiento. Algunos dicen que puedo dejarme llevar por la negación.

Trabajo

En el trabajo, puedo perderme en la tarea que tengo entre manos, liberándome de las preocupaciones de la vida. Prefiero trabajar solo, pero si tengo que trabajar con otros soy capaz de hacerlo sin verme envuelto en políticas innecesarias. En el trabajo, la gente confía en mí para que les aconseje; me cuentan sus problemas y, por lo general, puedo calmarles y aportarles sabiduría. Me resulta fácil escuchar los problemas de mis colegas, aunque rara vez, o nunca, revelo mis propios sentimientos. Mi jefe dice que sé juzgar el carácter de las personas y que suelo saber si alguien dice la verdad o no.

Tengo muchas ideas creativas, a veces radicales. A menudo me han acusado de ser obsesivo o poco práctico. Los comentarios negativos desvían mi flujo creativo y hieren mis sentimientos. Sé hacer mi trabajo profesional con eficacia y puntualidad, pero cuando se trata de mi vida personal, no soy tan eficaz. Hay una evidente discrepancia entre mi vida personal y la fuerza y claridad que expreso en el trabajo. Tiendo a trabajar en exceso, y con las exigencias del hogar y la familia, apenas tengo tiempo para mí.

CAPÍTULO 8

LA HISTORIA DEL AIRE

Esta es la historia de cuatro ángeles que vinieron en diferentes tamaños y colores: un hombre afroamericano de 1,90 metros de alto de Watts y tres mujeres blancas que se unieron para hacer su magia. Kenny pasó veintisiete años en San Quintín con cadena perpetua por secuestro y robo. Los cuatro ángeles (que no se conocían entre sí) se sintieron atraídos a entablar una amistad con él por pura sincronización y un sincero deseo de ayudar. Considero a Kenny uno de mis amigos más queridos.

—Mis padres se separaron —me contó Kenny Fairley durante una visita a la prisión de San Quintín—; mi madre tenía diferentes novios. El 29 de agosto asesinaron a mi padre a puñaladas al salir de una licorería donde había ido a cobrar su cheque del Seguro Social. Fue un poco después de los disturbios de Watts, yo tenía trece o catorce años. Fue lo más triste que pudo haberme pasado en esa época.

—En el onceavo grado —continuó— experimentaba mucho con las drogas; fumaba marihuana y PCP. Estaba a punto de perder el control, sentía que mi número estaba por llegar. Me involucré en un secuestro y robo: una mujer estaba girando a la derecha en una rampa de la autopista y yo salté a su auto, le dije dónde tenía que girar, tomé su dinero y salí corriendo. Me condenaron a cadena perpetua por un delito que merecía como mucho siete años.

Conocí a Kenny a través de una serie de acontecimientos inusuales. Cuando mi hijo tenía un año, contraté a una niñera llamada Ammi. Una buena amiga de Ammi, Helena, trabajaba en San Quintín como voluntaria. Se iba de California y llamó para pedirle a Ammi que se hiciera amiga por correspondencia de Kenny; Helena nos dijo que Kenny era especial y que no quería abandonarlo. Ammi, que es una santa, aceptó de inmediato (más tarde, Kenny la apodó "la Quintessa del amor").

Ammi y yo empezamos a escribirle a Kenny y le enviábamos paquetes de regalo cada mes (bajo las estrictas normas de la prisión) con galletas Oreo, sardinas enlatadas, galletas saladas y otras cosas que no podía conseguir en la cárcel. Intrigadas por nuestra correspondencia, fuimos a San Quintín a conocerlo.

Kenny creció en Watts en la década de 1960. Lo detuvieron a los veinte años y le dieron un mal asesoramiento legal: sin saberlo, aceptó un acuerdo de culpabilidad y fue condenado a cadena perpetua. Kenny cometió un delito, pero no le hizo daño a nadie. Como era afroamericano y pobre, lo condenaron a cadena perpetua.

Tengamos en consideración el elemento aire. Las personas de aire aman la libertad, piensan fuera de la caja. Kenny perdió su libertad y su capacidad de decisión. Las amistades ocurren de manera mágica. Las personas de aire tienen facilidad para mezclarse y cruzar los límites; no miran colores y tienen el don de ver sin juzgar. Para las personas de aire, todos compartimos el mismo aire y, por tanto, todos somos amigos.

Las amistades y las relaciones son sagradas para las personas de aire. Les encanta estar cerca y en comunicación: Kenny y yo nos escribimos cada semana durante años y años.

Kenny tiene un maravilloso sentido del humor y todo le hacía reír. Se inventaba palabras y apodos para las cosas; sus apodos para mí siguen siendo "Debbie-Deb" y "Mi chica mágica". A pesar de todo lo que había pasado, nunca dejó de sonreír.

Año tras año, le visité, y cada lunes por la mañana, durante once años, le envié una carta. Kenny siguió confiándome:

—Tengo la sensación de que voy a salir.

Mi mensaje era siempre el mismo:

—No te rindas.

Perdí la cuenta de cuántas de esas tarjetas espirituales con arcoíris y bonitos mensajes positivos le compré. Un día, le estaba contando esta historia a una clienta adinerada y me preguntó:

—¿Por qué no le consigues el mejor abogado de California y yo lo pago?

No podía creerlo, estaba tan emocionada. Durante tantos años, le había dicho a Kenny que no se rindiera, pero en secreto pensaba que era una mentirosa y que le daba falsas esperanzas. De repente, el sueño parecía posible.

Kenny encontró un abogado en Sacramento del que había oído hablar en la prisión: Steven Sanders. Cuando Sanders abrió el expediente del caso, dijo:

—¡Esto es ridículo! ¡Esto es muy injusto! ¿Qué está haciendo ahí? ¡Veintisiete años es una barbaridad!

Las personas de aire tienen facilidad para mezclarse y cruzar los límites. Tienen el don de ver sin juzgar. Para las personas de aire, todos compartimos el mismo aire y, por tanto, todos somos amigos.

Hasta ese momento, Kenny había asistido a diecisiete audiencias de libertad condicional, ninguna de las cuales llegó a ser más que una conversación de diez minutos con funcionarios de libertad condicional que ni siquiera hacían contacto visual con él.

Pero esta audiencia de libertad condicional fue diferente: Sanders educó a Kenny sobre cómo presentarse. Alrededor de una hora después de reunirse, se llegó al consenso de que Kenny había sido sentenciado injustamente. Entonces, cuando revisaron el informe psiquiátrico de Kenny, vieron que tenía el nombre equivocado.

—Le dejaríamos salir ahora —acordaron las autoridades— pero antes necesitamos un nuevo informe psiquiátrico.

Tardaron seis meses en conseguir otro informe, porque así es el sistema. Se necesitó otro medio año para superar toda la burocracia, y por fin, Kenny salió en libertad.

Fue liberado pocas horas después de que el presidente Obama recibiera su nominación a la presidencia, el mismo día en que, cuarenta y cinco años antes, Martin Luther King pronunció su famoso discurso "Yo tengo un sueño". La sincronicidad es una especialidad de las personas de aire; su tiempo es una secuencia de eventos mágicos que ocurre mucho más allá de la razón, dotándoles de un sentido único de la magia. En esa misma fecha, pero en 2013 (cinco años después) se le concedió la libertad condicional.

Respira hondo, porque la historia aún no termina.

Todo este proceso estuvo plagado de tensión y "snafu" gubernamental (momento de tomar un poco de aire: "Snafu" es un término del ejército; un acrónimo de las siglas en inglés de la frase "Situation Normal All Fucked up" que se traduce a "Situacion nomal todo jodido" en español. Ahora volvamos a Kenny).

Mi sueño era documentar la historia de Kenny; quería filmar el momento en que se bajara del autobús. Sería liberado en Lancaster, California, cerca de la casa de su hermana, que está a una hora de Los Ángeles. Conseguí reunir suficiente dinero para hacer un documental de diez minutos sobre la liberación de Kenny, y llegué a Los Ángeles para este trascendental acontecimiento, pero descubrí que las autoridades habían pospuesto la fecha de su liberación siete días más... y no habían informado a nadie, ni a la familia de Kenny, ni a mí. Solo nos enteramos del cambio cuando llamé para organizar la recogida.

Volé de vuelta a Colorado y una semana después regresé a Los Ángeles. Mientras conducía por la autopista con Tamara, la camarógrafa, recibí una llamada de Sheila, la hermana de Kenny:

—Esto no te va a gustar —me dijo. De inmediato pensé: ¡oh, no, se nos ha pasado la hora de llegada y no podremos grabar ese primer momento!

—El oficial de libertad condicional acaba de llamar para decir que la liberación de Kenny se ha retrasado, otra vez —informó Sheila—, tal vez hasta el martes. Era jueves. Acababa de volar por segunda vez y ahora me decían que se había retrasado. Por desgracia, no podía esperar otros cinco días.

—¡Dame el número de teléfono! —Exigí. Llamé, y después de varios repiques, al fin contestó una funcionaria. Me confirmó que Kenny no saldría sino hasta la semana siguiente. Me quedé furiosa, sin palabras, algo que no es habitual en ninguna personalidad de aire (como es mi caso).

—Deberías alegrarte de que salga —respondió la funcionaria con una risita por teléfono—, es un condenado a perpetuidad. Pensando en Kenny y en su infinita paciencia, mantuve la calma. Decidimos seguir conduciendo hasta la casa de su hermana Sheila para saludar, antes de volver a Los Ángeles a esperar, de nuevo. Tamara se fue a su casa en Los Ángeles para estar con su familia. Por alguna razón, decidí quedarme con Sheila y alquilar un auto al día siguiente para volver a Los Ángeles.

De repente, sonó el teléfono. Era el funcionario de libertad condicional. ¡Podríamos recoger a Kenny en la oficina de Lancaster en veinte minutos! Gritamos y llamamos a Sheila a su celular. —¡Nos vemos en la oficina de libertad condicional! —llamé a Tamara, que ya estaba a medio camino de Los Ángeles—. ¡Vuelve! ¡Kenny va a salir ahora mismo y tenemos que estar allí para grabarlo! Nos reunimos con Kenny cuando bajó del autobús, como hombre libre.

> La sincronicidad es una especialidad de las personas de aire; su tiempo es una secuencia de eventos mágicos que ocurre mucho más allá de la razón, dotándoles de un sentido único de la magia.

Llevaba un chándal gris, zapatos deportivos baratos y una pequeña caja con todas mis cartas, su documentación, objetos personales y 200 dólares en efectivo. Parecía un ciervo bajo los focos cuando las autoridades le quitaron las esposas de las muñecas y los tobillos tras un miserable viaje de siete horas en autobús desde San Quintín. Resulta que los funcionarios de prisiones dan información imprecisa sobre la liberación de un recluso a propósito, en caso de que algún miembro de una banda o delincuente busque venganza y se entere de los detalles. ¿O tal vez es solo un poco de tortura por última vez?

Salimos del auto, y todo el mundo aplaudía y abrazaba a Kenny como si fuera una estrella de fútbol americano que acabara de hacer la anotación ganadora. Era el momento de dirigirnos a casa para celebrarlo.

Era la noche del jueves 28 de agosto de 2008, una fecha que nunca olvidaré. Volvimos a casa de Sheila, recibidos por el dulce y ahumado aroma de costillas a la barbacoa, las favoritas de Kenny. Sheila había comenzado los preparativos el día anterior, dorando las costillas, poniéndolas en una olla de cocción lenta con melaza y sus ingredientes secretos especiales.

Lo primero que hizo Kenny cuando llegamos a casa de Sheila fue arrodillarse y besar el suelo.

—¡Vaya, césped real! —exclamó, aun de rodillas y frotando la viva alfombra esmeralda con sus enormes, pero suaves manos—. No había césped donde yo estaba. Ni árboles.

A la mañana siguiente, comimos en IHOP, donde Kenny se deleitó con los panqueques.

—¡Vaya, estos panqueques están humeantes!

Se quedó mirando los dorados panqueques mientras la mantequilla se derretía.

—¡No he visto derretirse la mantequilla así en años! —exclamó mientras se llenaba la boca con un bocado del maná.

Después del desayuno, hicimos una maratón de compras. Compramos muchas cosas necesarias, incluida una cama. Probando la cama y evaluando nuestra compra, sonrió.

—¡Vaya, puedo estirarme! La cama de la prisión era tan corta que nunca pude estirarme.

"...Durante veintisiete años", pensé para mis adentros.

Hubo muchas, muchas primeras veces esa semana. Todas las noches, Kenny se permitía un baño caliente y sin prisas; en la cárcel solo le habían permitido duchas frías esporádicas. Quería fruta fresca, quería probar las ostras, le entusiasmaba despertarse por la mañana y prepararse su propio desayuno.

> La vida tiene una forma de conectar las almas más allá de lo que nuestra mente entiende.

Lloré todo el camino de vuelta a Colorado, a diferencia de mi amigo Kenny, que no derramó ni una lágrima. Este es un rasgo de las personas de aire; son desprendidos y pueden llegar a entumecerse.

Una de las frases favoritas de Kenny es: "Debbie-Deb, río para no llorar". Durante los veintisiete años que pasó en prisión solo lloró una vez: el día que murió su madre.

Hace poco, le preguntaron a Kenny cómo había sobrevivido a su largo encarcelamiento, y respondió:

—Teniendo fe y manteniendo mi corazón abierto a nuevas ideas, hablando y escuchando a diferentes personas, diferentes perspectivas. Eso me dio esperanza. Eso, y creer en los ángeles.

Kenny y yo hemos mantenido una amistad muy estrecha; somos una familia. La vida tiene una forma de conectar las almas más allá de lo que nuestra mente entiende. Hay algunas personas de las que no puedes deshacerte, y estoy muy contenta de que Kenny forme parte de mi familia.

Visité a Kenny en Los Ángeles unos meses después de su liberación. Él y yo íbamos en el auto escuchando un canto sánscrito que sonaba una y otra vez.

—¿Qué tipo de música es esta? —preguntó Kenny, confundido.

—Se llaman mantras. Las personas los usan para quitarse el parloteo de la cabeza.

—Ah, ¿como cuando entraba en mi celda y me concentraba en mi respiración para no pensar?

—Sí, Kenny, justo así.

CAPÍTULO 9

TRABAJANDO CON EL ELEMENTO AIRE

Aire: el programa de cuatro pasos de los elementos

El aire es la mente curiosa que trata de entender las cosas; es el pensador con un poderoso deseo de saber y comprender. La esencia del aire te impulsa a compartir tus ideas, a hacer preguntas y a encontrar a alguien con quien hablar. El aire cuenta historias y utiliza el lenguaje para transmitir su punto de vista. El reto del aire es notar cómo las ideas establecidas limitan o aumentan nuestra capacidad de sentirnos unidos o separados. Las ideas pueden ser tan amplias como el cielo, o tan pequeñas que te encajonan para no dejarte salir nunca; esa es la parte de nosotros que cree saber lo que es correcto, según nuestro punto de vista, y se define como liberal o conservador sin saber cruzar las líneas.

LOS PASOS

1. EXPLORA: busca en tu interior e identifica las energías y los patrones del elemento en tu vida.
2. ARTICULA: ponle palabras a tus patrones elementales; habla y ríete de ellos con un testigo de confianza.
3. INVESTIGA: reconoce los puntos fuertes y los lados sombríos. Identifica y familiarízate con tus lecciones elementales.
4. TRANSFORMA: inicia una práctica para crear un nuevo paradigma.

El elemento aire devora todas las fuentes de información y puede pasar horas mirando noticias en la televisión, leyendo, buscando en internet y hablando de todo y de nada, solo para acabar confundido. Desde el comienzo del lenguaje escrito, la mente y el intelecto han asumido la posición de poder y por eso, durante siglos, se han valorado por encima del corazón. Desde intelectuales hasta oráculos, universidades, libros, personalidades de radio y TV, las palabras y el lenguaje saturan la psique humana. Las palabras se han utilizado en diferentes idiomas y dialectos, sistemas de pensamiento que describen las religiones, alimentando las guerras. El aire puede conectarnos o separarnos.

> El aire puede ser un poco difícil de contener o predecir. Puede ser tan suave como una brisa de verano o tener la fuerza de un tornado.

Aunque el aire circula con libertad, parece haber una línea imaginaria que se dibuja justo por encima de los hombros, para vivir dentro de la cabeza y no aventurarse nunca a bajar al corazón. Recientes estudios científicos revelan que el corazón está conectado al cerebro y que el propio corazón está compuesto en gran parte por tejidos neuronales; de hecho, ¡ahora parece que el cerebro es la sede del intelecto, mientras que el corazón es la sede de la sabiduría!

El aire puede ser un poco difícil de contener o predecir. Puede ser tan suave como una brisa de verano o tener la fuerza de un tornado. El cambio es su constante y las variaciones sobre un tema son su especialidad.

> Saber dar peso a las palabras y no solo hablar desde la cabeza, sino desde el corazón.

Si resuenas con el elemento aire, puede que te sientas acomplejado por esta imprevisibilidad. De ahí viene el término "cabeza de aire" o "cabeza hueca". Verás, el aire a menudo parece por completo confundido. Las personas de aire se creen excéntricas (y a veces lo son) y pueden parecerlo, aunque no lo sean; sus mentes van en muchas direcciones al mismo tiempo. El aire, al igual que el viento, puede cambiar de dirección con facilidad, por lo que la energía de este elemento es la de la distracción y la espontaneidad.

Demasiado aire, y corres el riesgo de sobrevalorar la mente y el intelecto con poca conexión con tu corazón. Es posible que olvides dónde pones las cosas, que te contradigas a ti mismo o que te cueste tomar decisiones.

Muy poco aire, y puede que te sientas perdido en tu mente y no puedas expresar tus pensamientos. La falta de aire puede limitar tu capacidad de hablar o de decir la verdad. Puedes perder el interés por las personas.

Cultivamos un aire saludable cuando sabemos dar peso a las palabras y no solo hablar desde la cabeza, sino desde el corazón.

Estas son las grandes preguntas cuando se *EXPLORA* el aire:

- ¿Cómo podemos expresar con honestidad nuestros pensamientos y palabras?
- ¿Cómo podemos ser conscientes de los pensamientos negativos de nuestro intelecto para evitar las trampas en las que cae nuestra mente?
- ¿Puedo aceptar mis cualidades de cabeza hueca sin juzgarlas y encontrarlas encantadoras?

Dedica tiempo a investigar los patrones habituales de aire que forman parte de la historia de tu vida. Comienza a identificar las creencias centrales y las historias que te cuentas a ti mismo una y otra vez. ¿De qué manera te ayudan en el presente, o de qué manera no lo hacen? Fíjate en los lugares en los que tu mente y las palabras que utilizas para describirte te han atrapado y se han convertido en tu crítico interior. Si te sientes atascado, intenta preguntarte: "¿Cuáles son las primeras palabras que me vienen a la mente cuando me describo a mí mismo?". Enumera esas palabras y observa el argumento que crean. Escribe en un diario sobre ello, lee en voz alta lo que has escrito (o pídele a un amigo de confianza que te lo lea) e intenta escuchar con compasión y con el corazón, no con la mente.

Revisa la encuesta de los elementos (aire) que completaste más arriba: ¿Hasta qué punto eres consciente de cómo utilizas tu mente y tus palabras? Tanto si has obtenido una puntuación baja como alta, tómate un tiempo para enumerar las formas en que utilizas la comunicación cada día.

Empieza a utilizar la sabiduría del observador para ver tus patrones. Luego pregúntate: "¿Cómo me aprisionan mis pensamientos?". A menudo, donde te sientes atrapado es donde tu ego está utilizando a tu mente para seguir contando la vieja historia. Tu mente reúne pruebas, comprueba y justifica tus historias, y quien cuenta la historia la cuenta mejor.

Ve un paso más allá: lee la descripción de las personas de aire, y reflexiona y escribe sobre lo que sabes ahora en relación con tus comportamientos y patrones. Recuerda apagar el ego y encender el observador, que es tu compasión.

Las personas de **AIRE** se relacionan con estas afirmaciones:

- Encuentro las palabras con facilidad y los demás me consideran hablador
- Me gusta ver a las personas y hacer preguntas
- Completo o termino las oraciones de las personas
- Observo y analizo a las personas
- Me aburro de la gente con facilidad y quiero buscar nuevas personas para interactuar
- Me resulta fácil recordar números y detalles
- Me distraigo con los estímulos externos con facilidad
- Cambio de planes/rumbo con facilidad
- Con frecuencia olvido dónde he puesto las cosas
- La armonía es esencial, aunque el costo sea alto

Energías y palabras clave del aire

- Verbalizar, hablar, interrumpir
- Mediadores, abogados, negociadores, terapeutas, mentores
- Articular y escribir es fácil
- Mente, intelecto, escuela
- Leer es una pasión
- Romper las reglas
- Fanático de la velocidad, odia hacer filas
- Observación aguda, espectador
- Personalidad encantadora, complaciente (político), carismático, se gana a las personas

- No está conectado con sus emociones; desapegado, puede desaparecer, evaporarse de repente; imprevisible
- Matemático, bueno con los números (pero nunca lo cree)
- Auditivo; entrometido, chismoso
- Adora a la gente y evita los conflictos
- Curioso; siempre estudiando, leyendo
- Provoca y estimula nuevos pensamientos
- Adora conversar
- Visionario; adelantado a su época
- Atento; activo, despierto; consciente
- Fuera de la caja
- Investigación y ciencia moderna
- Lee cualquier cosa, y bastante
- Mente insaciable
- Puede aprender a ser un gran oyente
- Encuentra confort en los libros, bibliotecas, librerías, amazon.com
- Excéntrico, olvidadizo, "cabeza hueca"
- Teléfonos, mensajes de texto, correo electrónico, ordenadores, nerd de la tecnología
- Espontáneo, reacio a la repetición o a lo mundano; no le gustan los planes
- Olvida dónde pone las cosas
- Desordenado, disperso, desorganizado, pero le encantan las herramientas de organización (aunque no las encuentra cuando las necesita)
- Colecciona tarjetas de felicitación, artículos de papelería, libros y revistas
- Desenfadado, ingenioso, hace reír a la gente con su ingenio y humor
- Memoria fotográfica

Fortalezas de aire

- Capacidad de asociarse con libertad y ser una fábrica de ideas
- Sabe cuándo no hablar, se queda quieto; escucha a profundidad
- Utiliza las palabras para bendecir y sanar, en lugar de agredir, herir y chismear
- Don de expresar lo inexpresable
- Comprende y prioriza las relaciones
- Le fascina estar cerca de otros y buscar la armonía
- Es consciente de cómo ser cortés e inclusivo, y deja que los demás tengan sus propias ideas
- Encantador y agradable con los demás

Sombras de aire

- Codependiente; no le gusta estar solo
- Le obsesiona ser libre y espontáneo, sin restricciones; puede no respetar los horarios de los demás
- Carece de control de impulsos, indisciplinado; no le gusta seguir las reglas
- Se mantiene ocupado y en movimiento para escapar de las confrontaciones emocionales
- Miente por omisión de hechos; no dice toda la verdad
- Es muy coqueto, aunque solo sea en su cabeza; se siente culpable por coquetear
- Es una "fábrica de ideas" sin aplicación práctica; a menudo se dedica a muchas cosas y no domina ninguna
- Soñador, no se manifiesta porque no tiene un plan de acción
- Puras palabras y teoría, nada concreto, lee lo justo para entender lo esencial y pretende saberlo todo

Ahora *ARTICULA* y expresa tus patrones. Coloca tu mano suavemente sobre tu corazón mientras hablas: hablar a través de tu corazón es una práctica inicial para asegurar que tus palabras coinciden con tu verdad.

> Acercarse y pedir contacto es una parte importante para mantener el aire vivo y vibrante.

Para *INVESTIGAR* y fomentar el aire, adopta la actitud de un aprendiz: toma una clase, lee un libro, únete a un grupo de discusión para mantener tu mente activa y equilibrada. Para aumentar tu comprensión, escoge un libro o únete a un debate grupal en el que tengas que decir o leer cada palabra con mente de principiante.

Aprende a utilizar el observador para vigilar tu mente: esa es una de las prácticas más poderosas de los cuatro elementos. Familiarízate con las fortalezas y sombras de aire. ¿Tu mente juzga y luego proyecta tus juicios en los demás?

La clave para un aire limpio es que la mente hable a través del corazón, en el momento presente, de manera auténtica y honesta. Está bien ser directo y contundente, siempre que las palabras no sean prejuiciosas ni estén llenas de proyecciones. Las palabras tienen poder y pueden utilizarse como puñales para herir o alejar a las personas. Entonces, cuando te encuentres en silencio y al margen, piensa: ¿elegiste estar al margen o en realidad estás sufriendo y anhelando el contacto? Acercarse y pedir contacto es una parte importante para mantener el aire vivo y vibrante. El aire es la brisa suave y apacible que puede abrir un corazón.

> Emprende una aventura amorosa C-O-N-T-I-G-O mismo y disfruta de tu propia compañía.

Una actitud mental positiva apoyada por afirmaciones logrará el éxito en lo que sea. La conversación con uno mismo o el diálogo interior positivo es la fuente de tu manifestación; con frecuencia, afirmamos en nuestro subconsciente con nuestras palabras y pensamientos. Una forma gentil de liberar tus viejos patrones es darte nuevos permisos. Comienza leyendo la siguiente lista de permisos de aire y elige una o dos frases.

Permisos de aire

- Aprenderé a hablar desde el corazón; menos es más, para no perderme en las palabras.
- Me preguntaré: "¿Por qué estás contando esta historia? ¿A quién ayudas?".
- Practicaré decir estas frases: "Te necesito", "Te echo de menos", "Me siento triste", "Me equivoqué", "Necesito ayuda".
- Estaré de acuerdo en no estar de acuerdo. Sé que la discordia puede ser saludable.
- Buscaré el consejo en otros y luego reflexionaré sobre mi propio conocimiento.
- Confiaré en mi intuición, aunque mi mente discuta.
- Escuchar significa que dejaré de completar las frases de la gente. Respiraré hondo cuando necesite ir más despacio.
- Reconozco que soy una persona intelectual. Aunque haya más cosas que aprender, dejaré de subestimar mi capacidad mental.
- Expresaré lo inexpresable. Hablaré en primera persona y evitaré los "casi", los "como" y los "más o menos".
- Diré la verdad. Cuando me sienta mal, lo aceptaré; cuando esté contento, lo aceptaré. No pasaré por alto mis sentimientos y emociones negativas.

Ahora es tiempo de *TRANSFORMAR* creando un nuevo paradigma.

- Emprende una aventura amorosa C-O-N-T-I-G-O mismo y disfruta de tu propia compañía.
- Toma una clase, como aprender el arte de hablar en público y la etiqueta social.
- Encuentra la manera de actuar y mantenerte interesado, participa en las historias de los que te rodean. A la personalidad de aire le gusta hablar mientras que al alma de aire le gusta escuchar. Cultiva ambas cosas en tu vida.
- Escribe en un diario para establecer tu propia voz. Lee lo que escribes en voz alta para ti mismo como una forma de medicina, para que puedas escuchar tus propios pensamientos y sentimientos. Demasiados diarios se quedan en la estantería.

- Aire es el de saber hacer preguntas, no solo a los demás, sino también a sí mismo.

- Deja que los demás te den su retroalimentación y escúchala. Es posible que a los que te rodean les cueste mucho trabajo hacer llegar sus palabras a la conversación.

- Encuentra un buen oyente, mentor o terapeuta con el que puedas hablar sin censura. Piensa en este tiempo como "aire acondicionado", sacar lo negativo es tan importante como sacar lo positivo.

El uso correcto del aire consiste en tener una mente inocente, abierta a las posibilidades y supeditada a la dirección de lo divino. Al igual que la personalidad debe estar al servicio del alma, la mente debe estar al servicio del corazón, no al revés.

Cuando ves la evolución en el panorama general, ya no estás juzgando la destrucción y la creación, la vida y la muerte; en cambio, tu mente es lo bastante amplia como para incluir una postura humilde que te recuerda que no eres más que un servidor de la inteligencia creativa.

Si deseas equilibrar el elemento aire, he aquí algunas sugerencias.

Meditación

Aprender a utilizar mantras en la meditación es una respuesta rápida a la pregunta de cómo domar la mente y cultivar el aire. Usar la respiración para llenar cada célula del cuerpo con aire limpio, sabiendo que cada inspiración de aire ha escalado desde otra, ayuda a recordarnos lo conectados que estamos unos con otros.

Encuentra un momento cada hora para volver al patrón rítmico de la respiración haciendo unas cuantas respiraciones profundas, lo que te ayudará a volver al aquí y al ahora.

Conecta tu mente con tu corazón

Evita utilizar tu mente y tu intelecto para ocultar tu vulnerabilidad y tus partes sensibles.

Puedes empezar por escribir tus emociones en tu diario. Comienza escribiendo la frase "Yo siento..." y luego rellena los espacios en blanco.

Habla desde tu corazón: esto se conoce como la práctica de las conversaciones valientes. Empieza con tu propia voz hablándote a ti mismo.

Dedica tiempo cada día a la concientización

Cultiva la capacidad de vigilar tu ajetreada mente. Puede que no sea fácil conseguir que tu diálogo interno se detenga; ese no es el objetivo. Solo se trata de mantener a tu observador encendido. Tal vez tengas que salir a caminar cada noche al final de la jornada laboral o pasar tiempo a solas en un sillón acogedor en tu casa, siendo consciente de tu mente. Cultivar el aire incluye lograr sentirse cómodo estando solo, escuchando con compasión todas esas voces en tu cabeza.

Reflexiona sobre tus patrones; haz una pausa, respira, recibe y cree

Recuerda tu reacción a la historia de Kenny. Piensa en quiénes son tus amigos, con los que te gusta hablar y compartir tu bondad. Las personas de aire necesitan tener conexiones. Cultiva con conciencia tus amistades; ese es un gran valor que posees.

Pregúntate: "¿Cómo me encarcelan mis pensamientos?".

CAPÍTULO 10

LA MUJER DE AIRE

Si quieres conocer los detalles, escuchar una buena historia o descubrir un buen libro para leer, pregúntale a una mujer de aire. Mis amigos y mi familia dicen que sé mucho, y es cierto, puedo hablar de casi todo. Siento curiosidad por la vida, sobre todo por las personas. Me encantaría ser Gasparín el Fantasma Amigable, para poder asomarme a las casas de la gente y ver cómo viven, qué hacen en su día. Soy curiosa sin remedio, incluso entrometida.

Me fijo en el aspecto de la gente, en su ropa y en su forma de hablar y actuar. Soy consciente de los colores y los estilos, y me gusta ir bien vestida; tengo mi propio estilo. Me atraen las personalidades fuera de serie, así como la clásica gente "guapa". Me fijo en quién viste a la moda, para bien o para mal. Pero siempre vuelvo a mis propios gustos; soy creadora de tendencias y soy individual.

Me gusta el diseño de todo tipo, desde la etiqueta del bote de champú hasta la decoración de la casa o el corte de un vestido. Los colores me hablan. Soy de las que se fijan en los detalles y luego hablan o escriben sobre lo que han visto. Soy buena reportera y escritora.

Social

Puedo sentarme en un aeropuerto a observar a la gente pasar. Mis amigos me abren su corazón con facilidad porque saben que me interesa de verdad lo que tienen que decir; la gente suele confiar en mí. Sé qué preguntas hacer: preguntaré por tu trabajo, tu familia, tu salud y tu felicidad. Nunca olvido una cara, pero un nombre, eso ya es otra historia. A veces, mi interés por las personas y sus historias puede ser compulsivo e incluso un poco invasivo; solo tienes que decirme cuándo algo no es de mi incumbencia y me retiraré.

La lectura es uno de mis pasatiempos: leo revistas de todo tipo y libros de casi cualquier tema; las biografías, la historia y las noticias sobre gente rica y famosa son mis favoritas. Ojalá pudiera encontrar tiempo para estudiar astrología, numerología o un idioma. Sé un poquito de todo, soy alguien que puede hojear un libro y "entenderlo".

Uno de mis sueños es volver a estudiar o hacer un curso sobre algo desconocido, incluso algo espiritual; pero el tiempo se me queda corto, siempre estoy ocupada. Mi agenda social está llena; mi vida familiar es muy ocupada.

Me han llamado consejera de campamento, mediadora, terapeuta. Quiero que todos tengan un turno para compartir lo que hay en sus corazones. La armonía a toda costa es el tema de mi vida; no soporto que la gente se pelee o esté tensa. Soy la mediadora que ayuda a todos a sentirse bien con ellos mismos, y eso a veces me crea dificultades, ya que no soy muy buena para juzgar el carácter; estoy aprendiendo a discernir y, también, a que no todo el mundo es lo que parece.

Relaciones

Las relaciones son una fascinación constante para mí, pero son las historias "de nunca acabar" las que más captan mi interés. Mis amigas son muy importantes para mí. Me siento validada a través de las conversaciones; a algunos hombres les parece que hablo demasiado. Siempre cuento con mis amistades femeninas para recibir apoyo. Si me quedo mucho tiempo a solas sin nadie con quien hablar, mi mente da vueltas y puede volverme loca; me tranquilizo cuando puedo sacar mis pensamientos. Me resulta difícil guardar un secreto. Tengo una funda especial para mi celular que cabe perfecto en mi bolso. Soy conocida por utilizar el teléfono con total libertad.

Hablando es como nutro y apoyo mis relaciones. Cuando era joven, confiaba demasiado en la gente y me hicieron daño, pero hoy en día, tiendo a contenerme hasta estar segura de la persona. Puedes contar con que seré leal una vez que hayamos establecido que somos amigos de verdad.

Al principio, cuando conozco a un hombre, a menudo este se hace una idea equivocada de mí. Parece que soy una persona social, fácil y extrovertida, pero la verdad es que mi corazón es el último en abrirse; me lleva tiempo confiar de verdad. Mantengo mi independencia porque cuando me hieren no me siento cómoda en el plano emocional; me siento indefensa.

Si la comunicación es esencial en mis amistades, esto es doblemente cierto para el amante con el que estoy. Si mi pareja no puede igualarme a nivel intelectual, me aburro o me frustro. No me resulta fácil hablar de emociones con los hombres; quiero compartir, pero si él no me escucha bien, me pongo fría. Es importante poder hablar tanto de los acontecimientos cotidianos como de asuntos emocionales. Dime lo que piensas; me excita mucho que estimulen mi intelecto.

He aprendido que los hombres tienen menos necesidad de hablar, así que cuido mucho mis amistades femeninas. Les cuento lo que no puedo decirle a mi chico y tengo mi diario, que me ha resultado de gran ayuda. Leí en un libro de autoayuda (me encantan los libros de psicología) que llevar un diario puede ser una herramienta saludable y a mí me funciona.

Familia

Me resulta frío y lúgubre pasar demasiado tiempo en silencio o en un espacio vacío; necesito oír el sonido de las voces de mis seres queridos y sentir el calor de su presencia. Me gustan las fiestas o reuniones que se hacen por cualquier motivo y me encanta organizar eventos familiares o fiestas sociales. Es un placer programar y organizar, pero no me pidan que cocine; y recuerden que puedo aceptar estar a cargo de demasiadas cosas y volverme irritable. A menudo llego tarde y mis amigos se enfadan, pero cuando llego, hago todo lo posible para que todos estén contentos.

Los niños y yo a menudo conectamos al instante; parecen reconocer a la niña que hay en mí y charlan conmigo. La gente me permite entrar en el mundo de sus hijos porque confían en mí. A los niños los trato de igual a igual. Los jóvenes siempre me han encantado, aunque puedo impacientarme si son tercos o poco razonables. Soy una madre activa, aunque sigo encontrando formas de mantener mi propia vida y puedo sentirme culpable por mi estilo; a veces pienso que debería ser Donna Reed. Rara vez soy lo que creo que "debería" ser.

La necesidad de entrometerme en la vida personal de mi familia puede causarme problemas; he aprendido a dejar de hacerles demasiadas preguntas. Intento no hablar sin parar; sé que puedo irritar a la gente, pero no me resulta fácil parar cuando tengo que hablar. Hay momentos en los que mi temperamento se dispara y puedo decir cosas de las que luego me arrepiento. Cuando me organizo y todo va bien, puedo ser amable y fácil de llevar.

Por favor, perdona si hablo mucho o si hago demasiadas preguntas y me olvido de esperar tus respuestas. Me disculpo con facilidad y perdono igual de fácil. Acepta mi personalidad enérgica; soy viva, brillante y estoy llena de buenas ideas. ¿Conoces la canción "Girls Just Want to Have Fun" ("Las chicas solo quieren divertirse")? ¡La escribieron sobre mí!

Trabajo

En el trabajo puedo ocuparme de varias tareas, clientes o proyectos al mismo tiempo. En casa hago lo mismo: puedo conversar con un amigo, ver la televisión, cocinar y doblar la ropa, todo sin perder la concentración. Soy una trabajadora enérgica y comprometida, aunque de vez en cuando acepto más trabajo del que puedo asumir.

Los proyectos repetitivos me aburren, mi mente puede divagar si me faltan estímulos. A veces falto a citas o llego tarde; la puntualidad y la fiabilidad no son mis puntos fuertes. Sé que tengo que asumir menos cosas y ponerlas en marcha, pero no es fácil. Mis compañeros de trabajo y amigos dicen que mi encanto me permite salirme con la mía.

Colecciono sistemas o artilugios ingeniosos que pueden hacerme la vida más fácil y rápida. El internet se ha convertido en mi patio de recreo favorito para la comunicación; es una forma estupenda de estar en contacto, ¡y es muy divertido! Tantas compras, por no hablar de toda la información que puedo encontrar. Me encanta hacer pequeños viajes a otros mundos a través de internet.

Analizar las ventajas y desventajas de cualquier situación me resulta fácil. La gente me dice que soy inteligente; puedo estar muy informada sobre muchos temas, pero por alguna razón, no confío demasiado en mis conocimientos. Sé que soy algo amateur; sé mucho sobre poco, pero la profundidad no es mi especialidad.

Puedo ser indecisa y necesito pedir consejo a los expertos; a menudo resulta que sí sé lo suficiente para tomar una decisión informada. Existe una ventaja en ser insegura de mí misma: he aprendido a hacer las preguntas adecuadas y a determinar la exactitud de las respuestas.

CAPÍTULO 11

EL HOMBRE DE AIRE

La comunicación es mi especialidad. Soy un pensador con un poderoso deseo de conocer y comprender. Mis amplios intereses pueden incluir complejas teorías científicas, artes esotéricas o actividades empresariales prácticas. Soy muy curioso. Me encanta leer. Puedo ser un investigador eficiente e incansable; soy bueno recopilando datos, haciendo preguntas y observando.

Uno de mis talentos evidentes es la capacidad de hacer reír a la gente. Tengo un gran sentido de lo absurdo; incluso ante la tristeza de la vida, soy capaz de levantar el ánimo con mi humor. Por desgracia, a veces utilizo este don en mi propio detrimento, desviando emociones que me da miedo sentir o ahogando problemas en un torrente de palabras. En el ámbito emocional puedo ser insensible. La vida fría del intelecto es donde me siento cómodo; puedo hablar de emociones, analizarlas o presenciarlas en los demás, pero sentirlas yo mismo me resulta doloroso.

Soy una persona pragmática y lógica. Estoy dispuesto a considerar casi cualquier punto de vista, sobre todo si la persona que lo presenta ha investigado y es sustancial. La religión, como tema académico, puede ser atractiva para mí, pero el camino de los fanáticos no me sacaría de mi curso analítico. Para mí, creer en la existencia de un alma sin apoyo fáctico representa un largo esfuerzo intelectual. Me gustan los hechos, aunque a menudo me entretengo con pensamientos fantasiosos solo por diversión.

No tolero el estancamiento intelectual; siempre estoy leyendo o estudiando con resaltador en mano. La teoría de que la naturaleza aborrece el vacío podría aplicarse también a mí: siempre busco llenar un vacío. La impaciencia y el aburrimiento pueden atormentarme; tengo poca tolerancia a los detalles aburridos o a las repeticiones interminables.

Me resulta fácil mantener una actitud positiva ante la vida. No comprendo a las personas melancólicas y negativas. Mi actitud es: "Levántate, cambia tu vida". No existen límites en la vida si crees en ti mismo.

Social

Tengo una personalidad extrovertida. Me encanta socializar, no me gusta estar solo por mucho tiempo. Aprovecho cualquier oportunidad para debatir sobre mi último descubrimiento. Si no se me permite expresarme, me iré a otra parte para obtener el estímulo y la audiencia que ansío.

Relacionarme con personas lentas, calladas y poco comunicativas me resulta tedioso; siempre he pensado que es esclarecedor hablar de nuestras experiencias. Mi actitud es: "En caso de duda hablo, enciendo la televisión o la radio, algo que me mantenga ocupado. Si mi mente está activa, no caerá en la negatividad".

Puedo organizar y coordinar cualquier cosa. Soy experto en relaciones; hago amigos dondequiera que vaya. Los teléfonos son mi especialidad; pero por desgracia, a menudo pierdo mi agenda telefónica o me olvido de dónde debo estar. Tengo que anotarlo todo. Se ha dicho que mi encanto compensa mi personalidad despistada.

Durante una conversación, si ya sé lo que alguien está tratando de decir, interrumpiré o completaré sus frases. Si lo que se dice es obvio y tengo que escuchar explicaciones simplistas, perderé la concentración y me desconcentraré. Soy la excepción a cualquier regla: si todo el mundo hace algo de manera similar, siguiendo el mismo camino una y otra vez, tiendo a rediseñar y crear un enfoque diferente.

Relaciones

Con las mujeres puedo convertirme con facilidad en el romántico atento, y con la misma rapidez, volverme indiferente. Suelo ser indeciso en el amor hasta que se establece una conexión sólida. La amistad y una mente fuerte son lo que me atrae primero. Como me encanta coquetear, es posible que mi pareja no confíe por completo en mi lealtad u honestidad. A medida que maduro, noto que la necesidad de coquetear disminuye. Cuando encuentro una pareja que en verdad capta mi atención, soy leal y puedo centrarme en la relación. Es importante que pueda expresar mis fantasías de forma abierta dentro de la relación; después de hablarlas no siento la necesidad de manifestar mis fantasías. Anhelo la honestidad y ser comprendido.

Cuando la gente me retrasa porque no me entiende, o bien cedo y me rindo (odio ser irracional, odio luchar), o me desprendo. Me resulta más fácil racionalizar y vivir en mi cabeza que sentir la ira o la tristeza. Puedo bloquear las cosas y no pensar en mis fantasías. De vez en cuando mis emociones salen a la superficie, y cuando esto ocurre, el malestar me obliga a restablecer mi desapego. Me siento más cómodo cuando la vida es fácil y ligera.

Con frecuencia, necesito un cambio de rumbo. A nivel intelectual, acepto el cambio como algo natural y necesario; sin embargo, lo que no es tan evidente es que los cambios emocionales me hacen sentir inseguro. Solo después de mucho hablar y pensar puedo hacer el cambio.

Familia

Estoy seguro de que el flautista de Hamelín era un hombre de aire. Los niños me adoran y yo a ellos. Soy un gran padre porque me interesa estar al día con lo que está de moda, con cómo piensan los adolescentes y lo que hacen en la escuela. Se me da bien dejar que los niños sean ellos mismos y hablarles a su nivel. Cuando los niños se enredan en emociones o frustraciones, tiendo a retroceder y dejar que su madre se encargue de eso; no soy bueno cuando los temperamentos se disparan y las lágrimas caen. Prefiero ser el padre divertido, no el que reprende o disciplina.

Trabajo

Tengo buena memoria para las trivialidades; soy analítico y muy crítico. Cuando me interesa, me resulta fácil leer las instrucciones y averiguar los detalles; de lo contrario, mi impaciencia me obliga a utilizar el método de ensayo y error, entonces puedo ser peligroso para las personas o los objetos, y sobre todo para la maquinaria. Me interesan las computadoras porque me permiten comunicarme y acceder a información de fuentes ilimitadas.

Cuando estas me frustran, sé buscar el consejo de un experto. Sé en qué soy bueno y en qué no.

Puedo ganar dinero jugando en la bolsa, con el diseño creativo o inventando productos únicos. Con frecuencia, pienso en cosas que se salen de lo común. Podría ser abogado, un genio de la informática, un profesor de lingüística, un inventor creativo o un escritor. Me interesa la enseñanza y apoyo a los grupos que patrocinan la educación y los esfuerzos humanitarios.

No entiendo a los seguidores. Sin embargo, soy lo bastante abierto como para permitir que otros hagan lo que desean. Me apasionan los derechos individuales. Me pondré de pie cuando los menos favorecidos sean tratados injustamente y defenderé sin descanso los derechos de los acusados.

Soy un buen portavoz. Si no se me permite ser mi propio líder creativo, me aburro y me niego a seguir. Puedo volverme rebelde e irreverente si no recibo la atención que merezco.

Cuando mis palabras salen de mi corazón y no de mi cabeza, existe la posibilidad de que viva desde el amor y la coherencia y, por tanto, sea digno de confianza. Mi mayor reto es hablar desde el corazón, encontrar mis sentimientos profundos y expresarlos. ¿Puedes ayudarme? Soy un buen estudiante si alguien me explica el valor de las emociones. Anhelo que me comprendan, por excéntrico que parezca. ¿Me escucharás y me ayudarás a entender mi corazón?

CAPÍTULO 12

LA HISTORIA DE LA TIERRA

"Cuando todos los árboles hayan sido talados,
cuando todos los animales hayan sido cazados,
cuando todas las aguas estén contaminadas,
cuando el aire ya no sea seguro para respirar,
solo entonces descubrirás que no puedes comer dinero".
—PROFECÍA CREE

Te presento a Dave y Ann, dos personas de orígenes muy diferentes que dirigen una empresa maderera familiar con un centenar de empleados, muchos de los cuales llevan más de treinta años trabajando allí. A conciencia, Dave y Ann decidieron no tener hijos; su familia es la comunidad con la que trabajan y las personas que quieren.

Cuando sus empleados se ven necesitados, Dave y Ann les ayudan a pagar sus deudas: por ejemplo, le dieron 45.000 dólares a un solo hombre. Pagan las deudas y lo hacen como un regalo, no como un préstamo; han ayudado a los empleados a estudiar pagando el 100% de sus matrículas; les han dado dinero para el pago inicial de sus viviendas y les han proporcionado alquileres muy baratos en cuarenta residencias, todo en efectivo; nada de préstamos con altos intereses para los habitantes de la Tierra.

Me quedé sin palabras cuando dijeron que podrían hacer mucho más. Simplemente, les encanta dar.

Aunque Ann y Dave provienen de entornos por completo diferentes, sus vidas juntas funcionan como una clásica sinfonía yin/yang.

Dave creció en un hogar sólido en valores morales y estable en el plano financiero, con padres muy trabajadores; de ellos heredó el negocio. Es muy masculino, independiente y automotivado. Dos veces Tauro, encarna los mejores valores de tierra: la

> La tierra valora la alegría de trabajar, servir por puro deseo de dar y una fuerte perseverancia para nunca renunciar, incluso cuando la tarea es tediosa, repetitiva y predecible.

alegría de trabajar, servir por el puro deseo de dar y una fuerte perseverancia para nunca renunciar, incluso cuando la ardua tarea que le espera es tediosa, repetitiva y predecible. El trabajo es su placer: entrega todo lo que tiene en cada cosa que hace.

Ann viene del lado opuesto de la calle: padres alcohólicos, hermanos drogadictos y más traumas de la infancia que una temporada de algún drama televisivo. Es un perro sabueso que olfatea el dolor de los demás; siempre pendiente de ellos y muy cariñosa. La sabiduría de Ann nace de sus profundas dificultades. No se queja ni adopta el papel de víctima. Su ética de trabajo y su capacidad para cuidar de los menos afortunados es la razón por la que está en este capítulo. Es sabia a nivel emocional y ha estudiado con seriedad para aprender a aliviar y sanar sus heridas. Su vida me ha enseñado cómo encender el observador da lugar a la compasión.

A pesar de sus diferencias, el destino hizo de las suyas para unir a estos dos y permitirles realizar un gran trabajo. Ella consiguió un empleo en la compañía de él y, a medida que trabajaban juntos, su relación fue creciendo.

Como suele ocurrir con las personas de tierra, Dave siente un gran respeto por sus numerosos mentores, uno de los cuales fue su padre. Le enseñaron a trabajar y, gracias al tipo de personalidad de Dave y a su fenomenal ética de trabajo, el negocio prosperó y floreció de forma natural. Alto, delgado y trabajador, Dave siempre se quedaba hasta altas horas de la noche haciendo inventario u ocupándose de todas las cosas que necesitaban ser atendidas, sin rehuir nunca el laborioso trabajo físico necesario para mover la madera.

Se hizo fuerte y sabio, con esfuerzo. A lo largo de diez años, él, Ann y su equipo transformaron la empresa familiar, que pasó de tener diez empleados y unas ventas anuales de 100.000 dólares, a una compañía con más de cien empleados y unas ventas anuales de decenas de millones.

Cuando escuchas a Dave, no te extraña que haya ampliado así el negocio familiar:

—Me encanta hacer listas. Algunas personas dicen: "Mañana será otro día", pero yo no: hoy es un buen día para hacer algo. Las oportunidades que he tenido en mi vida han sido porque he aprovechado las cosas, he trabajado duro y he ido más allá. Consigo hacer todo lo que me propongo. Me resulta difícil estar rodeado de gente que no quiere superarse. En cierto modo, tenemos lo que merecemos en la vida: tomas decisiones y esas decisiones le dan forma a tu vida.

> Gracias a Dave y Ann, ahora hay un refugio de vida silvestre en su comunidad. El salmón de la zona sobrevivirá y los niños de las escuelas pueden venir y aprender de primera mano sobre la vida exterior.

Suena rudo, ¿verdad? Quizá pienses que Dave es duro con sus empleados, que espera que se sacrifiquen por la compañía y que despide sin dificultad a los "perezosos".

—Él es como una amazona —dice Ann de su pareja cuando no está en la sala—, parece duro, pero es un bizcocho por dentro.

Dave se preocupa por el bienestar de los animales de la zona y de la Tierra. Él y Ann compraron docenas de acres de terreno en su vecindario para protegerlo contra el desarrollo y destinarlo para el uso público. Tuvo que luchar contra grupos de nativos americanos, contra el gobierno federal y el estatal e incluso contra algunos de sus vecinos para conseguirlo.

—¿Cómo peleaste contra toda esa gente a la vez? —pregunté.

—Ah —dijo Dave riendo—, yo no peleo. La gente hace barricadas, claro, pero sé que no pueden quedarse ahí para siempre. Así que mientras tanto me dedico a otros proyectos y vuelvo a visitarles de vez en cuando. Cuando se cansan de poner sus barricadas, entonces voy por lo que quiero y lo consigo. Logré que todo ese terreno se convirtiera en un espacio de uso público, para que pueda ser disfrutado por nuestra comunidad para siempre.

Gracias a Dave y Ann, ahora hay un refugio de vida silvestre en su comunidad. El salmón de la zona sobrevivirá y los niños de las escuelas pueden venir y aprender de primera mano sobre la vida exterior. Esta historia entusiasma a Ann, que chilla de alegría mientras habla.

—Involucramos a las escuelas locales y hacemos que nuestros empleados mantengan la propiedad. Es muy divertido.

No es raro que las personas de tierra tengan una tenacidad así y que disfruten de la sensación de logro. Lo inusual es que Dave y Ann tienden la mano a los demás, más allá de la llamada del deber; es casi extraño lo mucho que confían en la ley del dar. He aquí otro vívido ejemplo...

Hace un año, Dave y Ann se enteraron, a través de un vecino, de que una pareja (la única interracial de su vecindario) había sufrido mucho con la recesión. Llevaban dos años de retraso en los pagos de la hipoteca: la casa de 1,6 millones de dólares en la que habían vivido durante veinte años estaba a punto de serles arrebatada. En pocos días, su querida casa iba a ser vendida al mejor postor, y la pareja y sus seis hijos, así como su clan de familiares, se quedarían en la calle sin más que la ropa que llevaban puesta. La presión financiera les destrozaba el ánimo.

Preocupados y con curiosidad, Ann y Dave se dirigieron a la casa para evaluar la situación. La mujer, que estaba sola, abrió la puerta con cautela. Les contó su trágica historia.

—¡Oigan, tengo la solución perfecta! Dave y yo podemos comprar la casa —explicó Ann con emoción—, ¡y luego ustedes nos la pueden alquilar!

Con tono cansado e incrédulo, la mujer gruñó con suspicacia. Con las cejas y las dudas alzadas, sospechó que Dave y Ann formaban parte de una estafa:

—Sí, claro. Y, por favor, dime, ¿qué quieren a cambio?

Con toda franqueza, Ann respondió que durante el paseo se había fijado en una antigua máquina de hacer palomitas en el garaje (a Dave le encantan las palomitas).

—Si compramos tu casa y te conviertes en nuestra inquilina, me gustaría tener esa máquina.

La agotada futura exdueña de casa no dijo nada. Ann asintió, se despidió con un alegre gesto y ella y Dave se fueron a casa tomados de la mano.

Al día siguiente, Dave y Ann asistieron a su primera subasta para aprender las reglas del juego de las hipotecas. Las personas de tierra se mueven más despacio que la mayoría, siempre respetando el protocolo: suelen investigar lo que van a comprar. Sin embargo, esta vez no tenían tiempo: Ann averiguó cómo conectar con el subastador de turno, se lanzó y compró la casa. Con inocencia, sinceridad y numerosos cheques de caja en la mano (durante una subasta de este tipo hay que tener el dinero a mano), ¡lo lograron! El lugar adecuado, en el momento adecuado. En el acto, Dave y Ann adquirieron la casa por 860.000 dólares.

Justo después de firmar los contratos, Ann llamó a la mujer y le dijo:

—Espero que no sea un mal momento. Voy a pasar a buscar la máquina de hacer palomitas; hemos comprado tu casa.

> Las personas evolucionadas de tierra enseñan con el ejemplo.

Cuando llegaron con el título de propiedad en la mano, los asombrados propietarios les recibieron con un tsunami de lágrimas de agradecimiento. Difundieron la buena noticia y, en pocas horas, le pidieron a todo el mundo que desempacara sus cosas. Meses y años de preocupación se desmoronaron en un momento. Milagro de milagros, ¡se quedaban en casa!

Dave y Ann les dieron tres meses de alquiler gratis para ayudarles a recuperarse. Arreglaron el tejado, instalaron un nuevo calentador de agua y pagaron una factura de electricidad pendiente. Ann y Dave les cobraron a los nuevos inquilinos solo una cuarta parte del precio del mercado local de alquileres.

—Les daremos un año —dijo Ann—. Luego les venderemos con gusto su casa.

—¿Por el precio total del mercado? —pregunté.

—No, solo queremos recuperar nuestro dinero —explicó Ann—. Son una gran pareja.

En los últimos 75 años, la mayoría de nosotros hemos perdido nuestra relación con la vida tribal: cuidar del otro. La teoría moderna dice: "Eres todo lo que tienes. Cuida de tu familia y de ti mismo por encima de todo. Y, por cierto, no pierdas de vista al tipo que está detrás de ti, porque él también es egoísta y no le interesa tu bienestar ni el de tu familia".

Las personas evolucionadas de tierra enseñan con el ejemplo. Dave y Ann encarnan la filosofía "yo cubro tu espalda y tú cubres la mía".

Puede que ahora estés pensando: "Vaya, ¿no tienen variaciones las personas de tierra?". No, no las tienen. Las personas de tierra viven según las tradiciones; los rituales les hacen sentir seguros y protegidos. Son predecibles y estables. Lealtad es su segundo nombre. Son auténticos y van más allá del deber para garantizar el cumplimiento (y la perfección).

"Una vez estuve en Victoria y vi una casa muy grande. Me dijeron que era un banco y que los hombres blancos colocaban allí su dinero para que lo cuidaran y al final lo recuperaban con intereses. Nosotros no tenemos tal banco; pero cuando tenemos mucho dinero o mantas, los regalamos a otros jefes y personas, quienes nos los devuelven con intereses y nuestros corazones se sienten bien. Nuestra forma de dar es nuestro banco".
— JEFE MAQUINNA, NOOTKA

Las personas de tierra son prácticas incluso en el amor.

—Cada año, en nuestro aniversario —cuenta Ann—, revisamos nuestra relación: qué ha funcionado y cómo podemos mejorar. Los dos somos muy motivados y nos mantenemos alertas entre nosotros.

No todo es trabajar y no disfrutar: cada año, Ann y Dave reparten 10.000 dólares en premios en la caza de huevos de Pascua de la compañía. El año pasado, el espectáculo de fuegos artificiales del Día de la Independencia para sus trabajadores les costó unos 20.000 dólares.

Reparten regalos de Navidad entre 100 a 300 empleados en la gala de invierno. Durante las fiestas, organizan campañas de recolección de alimentos, recogen ropa para los necesitados y hacen donaciones a todo tipo de refugios de animales y organizaciones benéficas para personas mayores. Vaya.

Su bondad no tiene límites.

—¿Cómo pueden costear todo esto? —pregunté—. ¡Debe ser un gasto enorme!

—Es cuestión de hacer lo correcto —respondió Dave—. Como hoy en día hay tantas familias que se encuentran divididas y dispersas, estamos creando una comunidad, un lugar donde la gente pueda formar familias, ofrecer a sus hijos buenas escuelas y ayudarse unos a los otros a salir adelante en la vida. Todo gira en torno a las personas.

Lo que se da, se recibe. Es verdad que Dave es tan afortunado que hasta hace dinero con las máquinas tragamonedas del casino: siempre es el mayor ganador; tal vez tenga suerte, aunque yo no lo llamaría "suerte". Dave da, trabaja y crea todo el día, todos los días, y la vida recicla con gusto su magia y se la trae de vuelta. Es una ley de la tierra: lo que se entrega se recupera.

Ah, una última cosa... Dave y Ann lo hacen todo de forma anónima: esos no son sus nombres verdaderos. No quieren que su filantropía salga a la luz ni que sea de dominio público.

—Si se sabe lo que hacemos —dice Dave—, la gente nos dará el crédito a nosotros cuando las cosas les salgan bien. No, queremos que ellos se lleven el mérito. Queremos que se sientan capacitados, arraigados y que hagan lo correcto por sus familias. Al fin y al cabo, se trata de construir una comunidad y que la gente se una a ella.

CAPÍTULO 13

TRABAJANDO CON EL ELEMENTO TIERRA

Tierra: el programa de cuatro pasos de los elementos

En una palabra, este elemento consiste en la practicidad, esa parte de cada uno de nosotros que tiene los pies plantados con firmeza en el suelo. El elemento tierra explica por qué eres fiable, centrado y estable; es la razón por la que eres tan organizado, haces listas de detalles y consigues hacer las cosas. La tierra fluye a través de ciclos; los proyectos tienen un principio, un medio y un final. Si tienes abundancia de tierra, te mueves de forma lenta y metódica a través de cada paso, prometiendo seguir adelante hasta que termines. Verás, seguir las instrucciones, vivir dentro de los lineamientos y esforzarse por hacer las cosas bien es el mandato de la Tierra. A menudo te tildan de perfeccionista, pero lo que en verdad eres es un artista de los detalles.

LOS PASOS

1. EXPLORA: busca en tu interior e identifica las energías y los patrones del elemento en tu vida.

2. ARTICULA: ponle palabras a tus patrones elementales; habla y ríete de ellos con un testigo de confianza.

3. INVESTIGA: reconoce los puntos fuertes y los lados sombríos. Identifica y familiarízate con tus lecciones elementales.

4. TRANSFORMA: inicia una práctica para crear un nuevo paradigma.

La tierra es el elemento que te obliga a proveer, dar y servir. Nuestro planeta debería llamarse *agua* porque es azul y está formado por agua, pero se llama tierra. Nuestra misión en la Tierra es contribuir, manifestar y proveer por igual a todas las criaturas; dichas cualidades

¿Tienes un código de vestimenta tácito, con todo ordenado en tu armario por color y temporada?

poseen vastas reservas de lealtad y responsabilidad. Pero si tu tierra se ve abrumada, como dice Alice Bailey: *"El glamour y la codicia son las dos influencias más distractoras de la psique humana, nos impiden recordar nuestra verdadera naturaleza"*.

La esencia de tierra es pura y va más allá del deber. Son adictos al trabajo y les encanta estar ocupados. Al igual que la Madre Tierra, que siempre es fértil, la naturaleza generosa de las personas de tierra está siempre dando. Reconocer los reinos invisibles puede ser un esfuerzo para ellos. Buda era un signo de tierra y su regalo para nosotros fue el desapego, quizá la más importante de las lecciones de tierra.

Las personas serias y ambiciosas de tierra son las más adecuadas para trabajos que requieren un alto grado de concentración y enfoque. Cuando las personas de tierra están decididas y motivadas, consiguen sus objetivos trabajando con dedicación. También saben que todo tiene su lugar apropiado. Tal vez tengas tu propia etiquetadora para ayudar a otras personas de tu mundo que no tengan un gran sentido de la organización. Uno de tus valores es que al trabajar duro y al seguir las reglas se logra el éxito. Revisa tus cajones y armarios, si te preguntas si te estoy describiendo. ¿Llevas la misma ropa durante más tiempo del que deberías? Tal vez tu manera favorita de pasar el día sea limpiando tus cajones o trabajando en el garaje. Se trata de la buena sensación que experimentas cuando el trabajo está terminado. Tachar cosas de tu lista es como el sexo para ti.

La tierra consiste en el mundo material y el dinero todopoderoso. Es la parte de ti que tiene los pies en el suelo, que quiere resultados, que quiere saber cuánto tiempo va a tomar algo y cuánto dinero va a costar y generar. Tu pasatiempo es hacer el balance de la chequera. Un rol natural para ti es ser el contador o el banquero de la familia y los amigos, ayudándolos a todos a prosperar.

Demasiada tierra, y corres el riesgo de estar preocupado y demasiado apegado, ser autocrítico y tener un nivel de exigencia demasiado alto y nunca acertar.

Muy poca tierra, y puede que no seas práctico ni te centres en hacer las cosas, sufrir en el ámbito económico por falta de presupuesto y tener un mundo desordenado.

Sabes que tienes buena tierra cuando eres práctico y fluyes por instinto con los ciclos naturales de la tierra; cuando haces las actividades mundanas del día a día; cuando cocinas, limpias y silbas mientras trabajas, y eres amable con los demás sin juzgarlos por no ser como tú.

Estas son las grandes preguntas cuando se *EXPLORA* la tierra:

- ¿Cómo aceptamos los altibajos y permitimos que el cambio sea fácil?
- ¿Cómo servimos a los demás mientras nos servimos a nosotros mismos?
- ¿Cómo nos apegamos menos a los resultados y disfrutamos más del viaje de la vida?

Tómate un tiempo para mirar en tu interior, reflexionar e identificar los patrones habituales de tu personalidad de tierra, los lugares en los que tu apego a la seguridad y al mundo práctico te han capturado. Cuando estás demasiado centrado en las finanzas, te asustas a ti mismo. Fíjate cómo tu diálogo interno es autocrítico y te ha convencido de que no has hecho lo mejor o lo suficiente. Si te sientes atascado, intenta preguntarte: "¿Tengo fe en este mundo?". ¿Te sientes agotado porque siempre eres tú quien hace lo que se debe hacer? Crea una lista de lo que tienes que hacer. Los "quehaceres" suelen ser los puntos en los que estás trabajando en exceso.

Permítete ser consciente de la parte de ti que ha puesto el listón del éxito fuera de tu alcance. Estás haciendo mucho más de lo que te das cuenta: pide a alguien que te dé su opinión y verás que te estoy diciendo la verdad.

Los "debería" son buenos para mantenerte ocupado haciendo y actuando, persiguiendo una línea de meta que sigue moviéndose fuera de tu alcance.

Revisa la encuesta de los elementos (tierra) que completaste más arriba: ¿Estás en contacto con el mundo práctico y con los pies en el suelo? Tanto si tu puntuación es baja como alta, dedica unos momentos a reflexionar sobre las formas en las que has sido leal, práctico y centrado. Las personas de tierra se olvidan de valorarse a sí mismas por lo que hacen.

Una vez que identifiques el grado de contacto que tienes con el mundo práctico, empieza a utilizar la sabiduría del observador para ver tus patrones a distancia. Enumera todos tus logros y pregúntate: "¿En qué soy bueno?". Explora tus fortalezas.

A menudo, cuando tu elemento tierra no está sincronizado, el miedo te invade, haciéndote sentir inseguro y como si no tuvieras lo suficiente, permitiendo que tu crítico interior comience a juzgarte. Este crítico interior puede aferrarse a ti con facilidad, empujándote a hacer más, lo que a menudo se convierte en la lista de los "debería". Los "debería" son buenos para mantenerte ocupado haciendo y actuando, persiguiendo una línea de meta que sigue moviéndose fuera de tu alcance. Uf, toca bajarse de la caminadora por un rato.

Recuerda apagar tu ego (tu crítico y juez interno) y encender el observador (tu voz de compasión) y ser testigo de tu parte humana y de tus fortalezas.

Energías y palabras clave de tierra

- Consistente, estable, sólido y predecible
- Le gusta comer: es fanático de la gastronomía, de lo orgánico y lo vegano; revisa las etiquetas, los ingredientes, los aditivos
- Centrado y con los pies en el suelo
- Le gusta gastar y hacer dinero
- Disfruta de la sensualidad, adora el cuerpo humano tal y como es
- Obsesión con las plantas, las hierbas y la medicina natural
- Planificación y construcción, disfruta de la estructura
- Leal y confiable
- Trabaja mucho y se olvida de divertirse
- Le gusta seguir los pasos para hacer las cosas; disfruta de los libros de instrucciones
- Le gusta la rutina, la repetición y la consistencia
- Valora las cosas funcionales, prácticas y con propósito
- Le gusta la calidad y busca la perfección
- Limpio, organizado y no acumulador
- Lento y simple; puede ser considerado aburrido
- Experto en finanzas
- Substancial: busca marcas de diseñador, le gusta la buena calidad
- Difícil de conmover; testarudo; muy obstinado, controlador
- Orientado a los resultados: plazos, registros y horarios
- Orientado a la investigación y a los resultados
- Cinestésico y sensual; le gusta estar en su cuerpo
- Siempre está pensando en lo que tiene que pasar a continuación
- Logra hacerlo todo y no tiene problemas para mantener las cosas
- Centrado en la sostenibilidad, en el bienestar medioambiental
- Crítico, se juzga a sí mismo, retiene los sentimientos
- Generoso y orientado al servicio

Fortalezas de tierra	Sombras de tierra
• Trabajador y centrado, trabaja para conseguir resultados; tiene la capacidad de completar lo que se debe hacer • Se rige por la ambición, la lealtad y la integridad; es un empleado, amigo y compañero devoto • Aprecia el confort personal y disfruta cuidando a los demás • Contribuye, se manifiesta y provee por igual para todos • Planifica y construye su futuro con cuidado • Acepta las dificultades como una realidad de vida. Es autosuficiente y resistente	• Necesidad exagerada de posesiones materiales y recursos físicos • No cree que está haciendo un trabajo lo bastante bueno. Mucho trabajo y nada de diversión • Expresar las emociones es difícil; se mantiene ocupado para evitarlas • Sigue con obsesión las reglas; mínima flexibilidad ante las estrategias de juego • Se aferra a las acciones cautelosas y conservadoras; quiere un plan seguro, tener todo definido y claro • Defensivo; estricto y exigente. Asfixia a sus seres queridos con su posesividad • No está dispuesto a hacer cambios una vez que se ha asentado en una rutina • Arrogante con inclinación hacia ser "sabelotodo" • Parece organizado, inteligente y seguro de sí mismo, pero en su cabeza cree lo contrario • Tacaño, no comparte, acumula cosas y dinero

Ahora *ARTICULA* y expresa cuáles son tus rasgos de tierra y léelos en voz alta. Esto es fácil para ti, ya que te encantan las listas. Busca un compañero de confianza con quien compartir tu lista; si estás abierto a recibir sugerencias, pídele que edite tu lista y elimine cualquier cosa que describa el patrón como un "debería" y lo cambie por un "quiero". Si en verdad no quieres hacer lo que indica el "debería", toma un pase "libre de culpas" y quítalo de la lista. Gran parte de lo que te motiva es la obligación o el exceso de responsabilidad.

Las personas de **TIERRA** se relacionan con estas afirmaciones:

- Los demás me consideran práctico y centrado
- Limpio y organizo cuando estoy molesto
- Soy minucioso y deliberado cuando trabajo
- Me encanta comer y soy sensible a los sabores y olores
- El presupuesto y el ahorro son importantes para mí
- Prefiero tener el control y estar a cargo
- Estar en la naturaleza es esencial para mí
- Estoy orientado a los objetivos y obtengo resultados
- La gente puede confiar en mí y me considera fiable
- Soy lento para el cambio

Practica el mantra "ningún lugar a donde ir y nada que hacer"; ese es el arte de relajarse. Para disfrutar de la tierra, pasea por la naturaleza y saborea una buena comida. Piensa en un bocadillo y en poner un pie delante del otro; camina despacio mientras cultivas este elemento y empiezas a disfrutar de los ciclos naturales de la tierra. A la tierra no le gusta cambiar, así que puede que esto no sea fácil.

Para *INVESTIGAR* tus lecciones elementales, adopta la actitud de un aprendiz que está recopilando datos y aprendiendo una nueva habilidad. Haz preguntas y explora tus hábitos y patrones.

La clave para la tierra es relajarse y darse cuenta de esta simple verdad: todo lo que necesites se te dará.

Ten cuidado con tu necesidad de mantener el control y el mando para que todo esté en orden y vaya según lo previsto. Aprende a utilizar el observador para reírte de tu necesidad de control y mando. Recibir no es tu fortaleza. Está bien que dependas de los demás y dejes que hagan las cosas a su manera. Aprendemos más sobre dar cuando también podemos recibir. De seguro pensarás que es más fácil decirlo que hacerlo.

La clave para la tierra es relajarse y darse cuenta de esta simple verdad: todo lo que necesites se te dará. Incluso cuando estás en el ciclo de invierno y tu manifestación se está ralentizando, puedes confiar. El mundo interior es igual de importante. La paz y la confianza son mucho más esenciales que alcanzar todos los altos objetivos que te has propuesto. La tierra saludable conoce la importancia de seguir adelante cuando las cosas no suceden de acuerdo con los planes mejor elaborados. Cuando la tierra esté sana y a un ritmo relajado, sabrá ser espontánea y divertirse, prestando menos atención a decirle a todo el mundo lo que tiene que hacer.

Las personas de tierra son maestros pacientes y precisos. Ser un estudiante es mucho más difícil. Sé un estudiante de la simplicidad. Cuando empiezas a encontrar la plenitud en los placeres sencillos, sin utilizar el mundo exterior como vara de medir, se produce una calma que se instaura en ti. Una forma gentil de liberar tus viejos patrones es darte nuevos permisos.

Permisos de tierra

- Aprenderé formas de sentirme cómodo para asumir riesgos y dejar de preocuparme.
- Recordaré relajarme y disfrutar y liberaré el diálogo interior que se centra en lo que no se está haciendo.
- Está bien que baje mis estándares, a menudo son demasiado altos y ni siquiera me doy cuenta.
- Puedo deleitarme con mis logros y reconocer todo lo que hago.
- Puedo aceptar y amar las partes de mí que valoran el propósito y la función y verlas como algo divertido.
- Puedo reconocer las verdades simples y duras. Puedo aceptar mi

destino y saber que cada problema no siempre está destinado a ser resuelto o corregido.

- Está bien ir más despacio y ser metódico; la tortuga fue quien ganó la carrera.
- Al igual que Buda, dejaré de apegarme a los resultados y a las cosas (¡buena suerte!).

Ahora es el momento de **TRANSFORMAR** y cambiar la vieja historia. Puedes:

- Buscar el consejo de los demás. Aprende a dejarte cambiar y crecer a través de los ensayos, errores y victorias de los demás.
- Para variar, no hagas nada. Y hazlo a plenitud, sin miedo. Observa cómo al no hacer nada, puedes relajarte y disfrutar del momento.
- Probar actuar por impulso de vez en cuando. Aunque la repetición te dé una sensación de seguridad, entiende que las cosas no permanecen siempre igual.
- Practicar decir frases como: "Necesito tu ayuda", "Me gusta cómo lo haces", "¿Me enseñas?", "Me he equivocado".
- Pedir a las personas que consideres que tienen gustos y filosofías personales diferentes a los tuyos que te los expliquen. Escucha con auténtica curiosidad y fíjate en los puntos en los que estás alineado, y empuja poco a poco tu conciencia hacia la aceptación de lo que no entiendes ni conoces.
- Empezar a encontrar la manera de soltar tus apegos. Venimos a este mundo con las manos vacías y debemos vivir utilizando nuestro corazón para medir nuestro éxito.

El uso correcto de la tierra consiste en honrar y agradecer a la Madre Tierra la generosidad de la naturaleza. Da un paseo, huele las flores, observa la puesta de sol. Nunca estés demasiado ocupado para notar la belleza de tu madre. La esencia del alma de la tierra es dar sin esperar algo a cambio. Una vez que una persona de tierra empieza a cultivar la sabiduría de estar menos apegada a los resultados y tan solo a disfrutar del viaje, se relaja y empieza a ir más despacio y a confiar en el proceso.

Si deseas equilibrar el elemento tierra o crear una práctica para mantener una tierra estable y saludable, he aquí unas sugerencias:

Meditación

El aprendizaje de la meditación es la respuesta corta a la pregunta de cómo cultivar la humildad. Usando tu respiración, siente tus huesos tocando el suelo. Imagina una larga cuerda que comienza en tu coxis y que desciende hacia la tierra. Ahora ve un rayo brillante que va desde la parte superior de tu cabeza hasta las estrellas. Con cada inhalación, respira tu energía desde el cordón que te conecta con la Madre Tierra, hasta la parte superior de tu cabeza.

Adéntrate con regularidad en el mundo de la practicidad

Prepara una comida al menos dos veces por semana, prométete a ti mismo que limpiarás un armario o equilibrarás tu cuenta bancaria, riega tus plantas, cuida tu jardín. El mundo práctico es una vía espiritual cuando se aborda con reverencia. De hecho, hasta el acto más mundano adquiere un carácter sagrado.

Retribuye

El uso correcto de la tierra es compartir y ser filántropo, tener en cuenta a las generaciones venideras. Disfruta siendo generoso y compartiendo. Sé filantrópico y dona a organizaciones benéficas, o hazte voluntario. Sé sincero contigo mismo y pregúntate: "¿Cómo retribuyo a la Tierra en mi vida diaria, en mi trabajo y en mi servicio?". Encuentra la manera de adoptar una actitud de reverencia y gratitud, comparte con los que forman parte de tu vida o de tu comunidad tu tiempo, talento y dinero.

Honra y crea rituales

Las personas de tierra tienden a confundir su amor por "lo mismo de siempre" con lo mundano, cuando en realidad son rituales. Cuando bebas una taza de café o tomes una copa de vino, observa cómo esto puede ser un acto sagrado. Incluso lavar los trastes después de una cena, puede pasar de ser un punto en tu lista de "quehaceres" al placer de un ritual; lava cada traste mientras das gracias por la comida, la buena conversación y el tiempo que pasaste nutriendo tu cuerpo. Esto se llama conciencia plena.

Renuévate y revive con los regalos de la naturaleza

Come con total placer, saborea el beso y disfruta de la sensualidad de un paseo en la naturaleza. Desacelera, encuentra tiempo para escarbar en la tierra o ver las nubes pasar. Aprecia la belleza y la experiencia sensorial que proporciona un masaje, una habitación llena de incienso o los placeres del tacto. Recuerda preguntarte: "¿Qué hago para encontrar placer?" (una pregunta extraña para una persona de tierra). Estar inmerso en las tareas terrenales es una gran manera de salirse del camino y perderse la belleza del momento. Te mereces disfrutar de esta vida.

Disfruta de los pequeños desórdenes de la vida

Está bien dejar el desorden, burlarse de uno mismo, reírse de la propia idiosincrasia y saber que el mundo exterior no es tan importante como uno cree. Es más importante dejar de lado el apego a tener todo en orden, lo que a veces es más fácil de decir que de hacer. Intenta dejar los trastes sin lavar por una sola noche o no te disculpes si no has terminado todo antes de que lleguen tus invitados. Si te falta el elemento tierra, dale la vuelta a esto. Intenta organizar un cajón y mantenerlo así durante más de una semana. En cualquier caso, da un paso atrás y sonríe ante el desorden: prueba una nueva manera de afrontarlo con alegría

CAPÍTULO 14

LA MUJER DE TIERRA

Soy la encarnación de la practicidad. Sé cómo hacer que las cosas pasen, siguiendo los pasos y garantizando que se hagan tal y como debe ser. Me gustaría que los demás fueran como yo y, siendo honesta, si me dejaras ayudarte, podría decirte lo que necesitas aprender. Puedo parecer prejuiciosa, pero no es así. Creo que, si la gente estuviera dispuesta a escucharme decirles cómo ser más prácticos, el mundo funcionaría mejor y habría menos problemas. En definitiva, podría enseñar a la gente cómo hacer las cosas.

Dicho esto, a medida que he ido madurando me he dado cuenta de que no todo el mundo puede ser práctico y seguir las reglas como yo. Intento aceptar a las personas tal y como son. Esta es una habilidad aprendida y, si te soy sincera, no es fácil para mí.

No pierdo tiempo, comida ni dinero. Me molesta la gente que tira cosas que podrían ser reformadas o la gente que no traspasa las antigüedades. Me encanta la madera y las cosas antiguas, la historia y las fotos viejas. Guardo las cosas porque valoro el esfuerzo que conlleva todo lo que está hecho con las manos de alguien. Soy sentimental, pero de una manera no emotiva.

Social

Ya era vieja cuando era joven y espero ir rejuveneciendo a medida que envejezco. No me interesa la diversión en sí misma, a menos que haya alguna cualidad que la redima, como una actividad humanitaria o una causa benéfica. De lo contrario, me divierto haciendo ejercicio, ahorrando dinero y comprando cosas para mis seres queridos. Es divertido cuando puedes ser funcional y entretenerte al mismo tiempo.

116

Me gustan las cosas concretas y reales. Me fijo en las etiquetas. Siempre me decido por los vestidos o las joyas más costosas; nada de imitaciones para mí, aunque sí compro por catálogo para ahorrar tiempo. Aprecio a los diseñadores y sus productos de calidad; estoy dispuesta a pagar más para conseguir algo auténtico. Me hace feliz conseguir justo lo que quiero a precio de mayorista y a menudo conozco a las personas importantes en lugares influyentes para conseguir ofertas.

Adoro la jardinería, cocinar y comer. Soy leal y fiable. No tengo muchos amigos y no me interesa la superficialidad. Sé seguir instrucciones, leer los manuales y cuidar los detalles. Me encanta tener animales.

Mi autoestima es sólida y está fundamentada; mido mi éxito por mis logros. Puedo sentirme muy insegura si no me siento estable en el plano económico. No me siento a salvo si no tengo un fajo en el banco. A menudo me pregunto si la gente me quiere por lo que hago por ellos. No soy una persona que piensa, sino que hace. No soy cálida con los demás si no es necesario.

Relaciones

Para mí, las relaciones son un tema muy sencillo. Tengo ciertas reglas que sigo: sé leal a la persona que has elegido y asegúrate de darle todo; cuando haya un problema, háblalo cuanto antes; nunca te vayas a dormir con asuntos pendientes porque eso agriará la conexión más adelante; nunca hables de divorcio, este no es una opción; y resuelve los problemas con eficacia y rapidez, concentrándote en lo que en realidad importa.

No me interesa escuchar los problemas repetitivos de alguien. En general, la gente no me considera el alma de la fiesta. Solo tengo unos pocos amigos íntimos y eso me parece bien. Me gustaría que hubiera un manual de instrucciones sobre cómo charlar y ser superficial, porque en verdad no entiendo nada de eso, odio las conversaciones triviales.

A veces la gente puede pensar que no soy interesante. En realidad, soy una fuente de información sobre los temas que conozco bien. Como sobresalgo en lo que hago, estoy muy bien informada. Si necesitas contactos o información sólida, pregúntame. Me gusta ayudar a la gente.

A nivel espiritual, noto que a medida que pasan los años me interesa más el plano místico. En mi juventud, era adicta al trabajo y era muy cerrada con respecto a lo que era importante para mí, ya fuera mi relación, mi familia o mi trabajo. A medida que envejezco, noto que la adicción al trabajo se está apaciguando un poco.

Soy buena con los rituales y las repeticiones. Me gusta ir a la iglesia los domingos, encender velas durante la comida y comer sano. Se me da bien seguir un régimen o un horario. Me enfado conmigo misma cuando tengo que bajar el ritmo.

Me impongo mucho el "debería" a mí misma, como con el ejercicio: sé que debería ser una parte habitual de mi vida. Odio cuando no lo hago porque aumento de peso con facilidad y tengo un metabolismo lento. Sé dónde comprar los alimentos que en verdad me gustan e iré al mismo mercado durante años y años. Soy una compradora fiel; me gusta la previsibilidad y la coherencia, así como tener relaciones duraderas y de fidelidad.

Familia

Dar a mi familia es muy fácil; limpio y cocino sin siquiera pensar. Cuando estoy disgustada, limpio, es lo que hago para tranquilizarme. Siempre soy puntual y organizada. Me gustaría que los demás tuvieran los mismos valores que yo.

Cuando hay desacuerdos o disgustos emocionales, así son las cosas. Puedo ser ofensiva e incluso dura con mi honestidad y, sin embargo, no sé cómo hacerlo de otra manera. Si en realidad no me importa, o no puedo cambiar las cosas, simplemente no hablo con la persona y dejo que el problema se haga notar a su debido tiempo. Sé cuándo tengo razón y me es difícil cambiar de opinión.

Soy una madre dura, pero buena; soy devota y atenta con mis hijos. Creo que los niños deben aprender a hacer lo que se les dice, la disciplina es muy importante para mí. Trato bien a mis hijos y espero lo mismo a cambio.

En el peor de los casos puede parecer que soy exigente, o al menos insistente.

Tal vez soy demasiado paciente y, por tanto, evito los conflictos. Luego, cuando llega el momento del cambio, me resisto e incluso me desanimo. Soy malhumorada pero no me expreso con palabras. Me resulta muy, muy difícil pedir ayuda.

Cuando estoy sentimental, muchas veces no puedo identificar lo que estoy sintiendo. Tiendo a negar mis sentimientos y a utilizar la razón y/o las tareas para mantenerme centrada y en el objetivo. Las emociones me distraen y me hacen perder tiempo. Sin duda, dedicaré tiempo a escuchar los sentimientos de mis seres queridos, pero me resulta difícil hablar de los míos.

Lucharé por quien quiero, o si mi integridad o mi reputación están en peligro.

Por favor, sé amable conmigo. No pretendo ser una sabelotodo, ni herir tus sentimientos.

Trabajo

Estoy capacitada para ocupar puestos de liderazgo y poder instruir a los demás sobre cómo afrontar los retos y las dificultades. He aprendido de la escuela de los golpes duros. Tuve una infancia que me exigió crecer a una edad temprana y ser responsable.

Me resulta difícil seguir a un líder cuando la persona no es tan eficiente como yo o no sabe cómo hacer algo, eso era así incluso en mi infancia. Era algo irrespetuosa con cualquier hombre que utilizara su poder sobre mí sin una buena razón. Con la edad, me he hecho menos dura con las figuras de autoridad, sobre todo porque, la mayoría de las veces, me he convertido en una.

Sobresalgo en el trabajo que requiere un alto grado de concentración y enfoque. No se me dan bien los cambios rápidos, ni me interesan las ideas fantasiosas de nadie. Soy una persona seria y ambiciosa. Estoy dispuesta a hacer algo durante años y a ser fiel y constante en ello.

El trabajo y mi ambición tienen toda mi atención. Retirarme no será fácil para mí.

CAPÍTULO 15

EL HOMBRE DE TIERRA

Las acciones dicen más que las palabras. Estoy seguro de que lo anterior lo dijo una persona de tierra porque es cierto, solo se puede confiar en alguien según sus acciones. Aunque a menudo me hago opiniones firmes sobre alguien al conocerle, trato de no juzgarle hasta que veo su trabajo. La evidencia lo demuestra. Siempre me impresiona saber que alguien ha ido a una escuela prestigiosa o que ha recibido una sólida formación de un buen profesor.

Soy juicioso; tengo criterios sobre cómo deben hacerse las cosas. A menudo mantengo los intereses que mi familia tenía antes que yo. Soy un animal de costumbres. Me encanta la historia. Las colecciones de monedas, de sellos, incluso las de rocas y minerales de mis abuelos, son cosas que conservaré durante mucho tiempo.

Es necesario cuidar las antigüedades y los vestigios históricos. Está claro que una persona de tierra inventó el concepto de almacenamiento. Puedo guardar cosas durante años y años por si algún día las necesito. Por otra parte, puedo ser minimalista: puedo pasar mucho tiempo sin comprar nada hasta en verdad necesitarlo y debe encajar a la perfección conmigo.

Creo que todo el mundo debería aprender a cuidar las cosas. El respeto es un tema importante para mí; lo exijo. El respeto por el dinero y una fuerte ética de trabajo es la base de lo que defiendo; es ese el sistema de valores que enseño a los demás. Suelo ser un maestro. Sé que no soy tan consistente como me gustaría. Me oigo repetir la frase que aprendí de mi padre: "No hagas lo que yo hago, haz lo que yo digo".

Soy extremista. Se me conoce por comprar tres pares de los mismos zapatos y de los mismos pantalones y tres camisas del mismo modelo si me gustan. No puedo evitarlo; sé lo que me gusta y haré lo que sea necesario para conseguir lo que quiero. Tengo gustos muy particulares y no puedo transigir ni conformarme con menos. Soy conocido por llevar la misma ropa día tras día si estoy trabajando y no tengo tiempo para pensar en la cosmética.

Social

Soy una persona tranquila. No me gustan las reuniones sociales a menos que haya una razón profesional para estar allí. Si me hacen hablar de mis intereses empresariales favoritos, de arte o de autos, no puedo parar. Otro tema que me gusta es el de los medios para ganar dinero; sobre ese tema, tengo mucho que decir. De hecho, puedo dominar una conversación sobre algunos temas si los conozco de verdad. Lo que pasa es que no me gusta hablar por hablar y odio las conversaciones triviales.

Aunque intento no ser sexista ni machista, me enorgullezco de permitir que se escuche a las mujeres. Sin embargo, la verdad es que mi naturaleza me obliga a cuidar de las mujeres y los niños, en especial los de mi familia. Siempre quiero proveer y ayudar a los que lo necesitan. No pretendo ser denigrante, pero los hombres somos físicamente más fuertes y a través de la historia hemos sido los responsables cuando se trata de la economía. Hemos sido los hombres los que hemos tomado las grandes decisiones.

Relaciones

Para mí, las relaciones son como dirigir un negocio. Debe haber acuerdos, apoyo mutuo y consistencia. Soy en verdad leal y me preocupo por hacer felices a todos; para mí eso significa estabilidad, generosidad y utilidad.

Me encanta hacer regalos a quienes creo que lo merecen. Soy siempre leal. Una vez traicionado, no hay vuelta atrás. Tengo la memoria de un elefante y no olvido la falta de integridad. Puedo cortar mis emociones cuando lo considero importante. Tengo un nivel de exigencia muy alto tanto para los demás como para conmigo mismo.

De hecho, critico a los demás tanto como a mí mismo. Sé lo que es posible en nombre de la bondad y cuando no he sido tan "bueno", me siento decepcionado. Sé lo que debería comer, con qué frecuencia debería hacer ejercicio y cuánto debería ahorrar; no es fácil cuando rompo con el patrón y me doy un capricho. Me encanta la rutina y la constancia. Cuando rompo con el patrón, me vuelvo tacaño y no puedo darme a mí mismo ni a los demás. Aquí está el extremista de nuevo: cuando soy generoso, no puedo dar lo suficiente y cuando me siento inseguro en el aspecto financiero, cuento los centavos.

Soy muy consciente de las organizaciones benéficas y las causas a las que quiero dar mi dinero. No doy muchas propinas a menos que me hayan atendido como debe ser. Cuando doy, doy mucho; de lo contrario, controlo el despilfarro.

Familia

Mi familia estará segura mientras yo esté aquí. Soy un proveedor. Mi estilo consiste en asumir mis propios gastos y ayudar a los que quiero. Me gusta dar. Soy muy generoso hasta que siento que se aprovechan de mí y entonces seguiré dando, pero no sin condiciones: hablaremos de devolución, haremos un plan de pagos, un acuerdo. Un apretón de manos entre caballeros es suficiente para mí, a no ser que me hayas traicionado antes, entonces debemos firmarlo, sellarlo y darlo. Es difícil para mí recibir, eso es algo que debo aprender.

Soy el responsable de cuidar el auto de la familia. Soy el responsable de que mi familia esté bien vestida y de que se cumplan nuestras obligaciones sociales. En mi familia, lo que es mío es tuyo. No soy generoso con la gente que no conozco ni me importa.

Soy una persona estable a nivel emocional, no evidentemente feliz ni fascinante: soy un tipo de gustos simples, predecible, con los pies en el suelo. Me gusta tener la casa limpia y poner las cosas en su sitio. Me gusta construir cosas. Me fijo en los detalles de una casa, en la carpintería y en los acabados.

La organización impregna todo lo que hago. Me gusta comer el mismo tipo de comida a la misma hora y con todos sentados en la mesa como debe ser; los modales en la mesa son importantes para mí. La historia nos ha dado leyes a seguir y yo las sigo. Soy un padre estricto; supongo que podría ser más suave con los niños. Estoy ocupado y el tiempo es esencial para mí, no puedo perderlo. Te escucharé si tú me escuchas a mí.

Respeto la edad: el dicho "respeta a tus mayores" es para mí una verdad. Hay muchas verdades que mantengo por el bien de la familia y lo que yo llamo "comportamiento honorable".

En mi casa siempre me siento en la cabeza de la mesa, siempre tomo la primera porción de lo que se sirve y asumo el papel de jefe de familia. Me siento mejor si puedo pagar la cuenta y me siento insultado si otra persona insiste y pasa por encima de mí, aunque nunca lo diría. Mis amistades son con hombres que considero parientes de sangre. Mantengo mis amistades durante años y años y aunque no hablo mucho, mis amigos más queridos saben cómo me siento por mis acciones.

No comparto mi situación económica con nadie, ni siquiera con mi esposa. Soy responsable y compartiré todo lo que tengo con ella cuando llegue el momento. Soy reservado y silencioso sobre lo que gano y lo que tenemos. Me encanta comprarle bonitos regalos a mi esposa, como joyas y cosas sustanciales: una casa, muebles. Este es mi mayor placer.

Trabajo

Estoy orientado a los objetivos. Soy más feliz cuando trabajo; cuando puedo aportar y ayudar a mi familia, mis amigos o mis colegas, me siento funcional y útil; eso me llena de alegría. Soy leal y fiable. Tengo un fuerte deseo de sobresalir en lo que hago.

El enfoque de mi vida es dar todo lo que tengo a lo que considero importante. Si no puedo hacerlo bien, prefiero no hacerlo; incluso de niño era así. Por extraño que parezca, puedo ser perezoso: si hay algo que debo hacer y que no tiene un significado real para mí, simplemente no lo hago. Cuando puedo hincarle el diente a algo, me vuelvo superambicioso.

Soy un líder al estilo tradicional. Aunque parezca tranquilo, sé con exactitud lo que hay que hacer durante una crisis o en una situación exigente. Espero hasta que sea obvio que debo adoptar una postura y entonces ofrezco mi ayuda. No soy impulsivo.

No soy un fanfarrón, soy reservado e incluso tímido. A veces subestimo mis capacidades porque los fanfarrones hacen mucho ruido y tienen carisma, pero yo simplemente hago lo necesario; no requiero mucha atención, ni siquiera aclamación. Con lo que cuento es con la lealtad, la gentileza y los valores familiares; de eso me alimento.

Aunque soy ambicioso, puedo ser feliz con un trabajo modesto.

CAPÍTULO 16

LA HISTORIA DEL FUEGO

El fuego nunca está tibio: o está caliente... ¡o está caliente! El fuego es extremo y se manifiesta en forma de grandes éxitos o de vergonzosos y horribles fracasos y, en algunos casos, en ambos. Las preguntas son: ¿Qué hacen las personas de fuego con su fuerza vital y las cartas que les ha repartido el destino? ¿Son héroes o víctimas?

> Los niños de fuego no son fáciles. Pueden presentarse como niños salvajes y enfadados o bien como niños de alto rendimiento que van bien en la escuela y destacan.

Voy a contarte dos historias que describen el fuego. Una es la historia de Drew y Myra Goodman, fundadores de Earthbound Farm. Su fuego lento y sostenido ayudó a cambiar la historia de la agricultura: la compañía que fundaron es el mayor cultivador de productos orgánicos de Norteamérica y fueron los primeros en comercializar con éxito ensaladas empacadas para su venta al por menor.

La otra historia es la de Colette Baron-Reid, maestra espiritual y vidente. Su historia trata de cómo su fuego comenzó en su infancia, ardiendo de manera rápida y furiosa con una influencia autodestructiva que casi destrozó sus dones y talentos. Sin embargo, ella recordó su propósito. Colette es un ejemplo de cómo convertir el fuego y el dolor en oro y sabiduría.

Los niños de fuego no son fáciles. Pueden presentarse como niños salvajes, ruidosos y enfadados, que llaman la atención y que suelen estar castigados, que no se esfuerzan mucho y que están esperando a ser lo bastante mayores para independizarse, o bien son niños con un alto rendimiento, que van bien en la escuela y se destacan. A estos niños los llamamos con afecto "niños pistola", pues disparan por la boca.

Empecemos con Colette: una exitosa autora de *bestsellers*, educadora, consejera intuitiva y estratega de vida, conductora de radio, mentora, psíquica, sanadora, música y esposa. Ha escrito varios libros, ha creado cuatro populares mazos de cartas de oráculo, ha producido dos increíbles álbumes, ha dado conferencias por

> Las personas de fuego no pueden explicar sus habilidades psíquicas o su impulso de ser autodestructivos. Son demasiado perceptivos y directos, dos cualidades que pueden meterlos en problemas.

todo el mundo y ha realizado lecturas para decenas de miles de personas, desde las más famosas hasta las más corrientes. Puede percibir cosas de las personas y conectar con sus historias de una forma que hace que todo el mundo crea en la magia: es específica, detallada y precisa sin discusión. Su vida está llena de amor y servicio. Su historia es la del surgimiento, desde la oscuridad hasta la luz.

Colette creció entre la clase alta de Toronto, Canadá. Sus padres eran inmigrantes destinados a ser algo más que supervivientes: su madre era judía y superviviente del Holocausto, y su abuelo parisino fue asesinado en el campo de concentración de Dachau, aunque sus padres le ocultaron esa verdad. Su padre se convirtió en millonario después de haber llegado a Canadá a los cuarenta y ocho años con 14 centavos en el bolsillo.

Colette recibió una buena educación y vivió bajo la estricta y constante presión de tener buen rendimiento académico. A temprana edad sobrellevo esa presión con un desorden alimenticio y con el alcohol; cuando llegó a la adolescencia, ya tenía episodios de pérdida de conocimiento. No se detuvo ahí, continuó con la adicción, la promiscuidad y un desenfreno que suele resultar entretenido para los jóvenes, pero que representa una pesadilla para sus padres.

Los niños de fuego suelen tener problemas con la comida y el peso. Quieren más de todo: más bebida, más tarta, un poco más de chocolate. Son una fiesta a punto de estallar, siempre desesperados por escapar. Luego lo dejan... y vuelven a empezar: el preludio perfecto para un trastorno alimenticio. Son extremistas. Recuerda que no existe el fuego tibio.

En cuanto el alcohol tocó sus labios, Colette de inmediato quiso más. Cuando se emborrachaba, renunciaba a tener una "elección".

—Me sentía sucia —dijo—, así que busqué los lugares más sucios que pude encontrar, con la esperanza de descubrir un lugar donde pudiera sentirme en casa. Una parte de mí sabía que no estaba bien, pero se me daba muy bien ignorar esa vocecita.

Entonces, una noche, mientras sus voces intuitivas le gritaban que prestara atención, Colette se subió a un auto con un grupo de chicos, sabiendo que algo horrible estaba a punto de suceder. Y así fue. Colette experimentó una pérdida total de poder a través de una violación colectiva.

Como en una película muda y en secuencia sobre un polluelo que se libera del huevo, imágenes brillantes comenzaron a pasar por la cabeza de Colette: capturas de sus agresores se colaban a través de sus párpados cerrados; con auténtico terror "vio" con detalle los abusos, el sufrimiento y el desgarro propio de sus violadores, los horrores que los llevaron a elegir una vida tan vil. Colette tuvo que luchar para no ver más esta película psíquica... porque era demasiado dolorosa, demasiado perturbadora.

Las personas de fuego no pueden explicar sus habilidades psíquicas o su impulso de ser autodestructivos. Son demasiado perceptivos y directos, dos cualidades que pueden meterlos en problemas.

Cuando era adolescente, Colette conducía por la autopista de la vida tan rápido como podía, alimentada por un comportamiento impulsivo y fuera de control.

Tras terminar la escuela secundaria, Colette entró en la universidad.

—Estudié Derecho, pero me especialicé en sexo, drogas y decepción. No sabía cómo expresarme, salvo en los raros momentos en que tomaba una guitarra y me permitía cantar. El resto del tiempo experimentaba la frustración y el dolor haciéndome daño físico.

Cuando le pregunté a Colette si alguien se había dado cuenta de su estado, soltó una enorme carcajada, tan propia de ella: la mayoría de las personas de fuego se ríen y hablan alto y Colette no es la excepción.

—Deb —bramó—, las relaciones que a menudo me atraían me entregaban los fósforos, los encendían y acercaban una silla para verme arder. Sí, yo recibí atención, pero mi alma no. Me dejé llevar por completo por el drama, por mis adicciones y por las necesidades de mi ego herido.

> Las personas de fuego son su propia autoridad. Se han graduado de su propia escuela personal de golpes duros.

Colette salió con traficantes de drogas, sirvió cócteles en un club de desnudistas y siguió perdiendo peso gracias a su adicción al *crack* y a la cocaína. Se enamoró de un hombre que reflejaba su propia destructividad y, por fin, a los veintiséis años, tocó fondo.

Este tipo de relaciones destructivas son clásicas para alguien que se siente atraído por el drama, como suelen ser las personas de fuego. La persona sabe que le están haciendo daño, sabe que debería dejarlo, pero la adicción al peligro entra en acción. En el peor de los casos, permanecen en el juego hasta que se queman. Y así fue para Colette: vivió en su infierno durante dos años.

Colette no terminó la carrera de Derecho. Golpeada, arrepentida y agotada, ingresó a voluntad en rehabilitación.

Mientras se desintoxicaba, su cabello negro puntiagudo adornaba la cabeza de su cuerpo anoréxico, delgado como una cerilla. Sus pantalones de licra púrpura cubrían sus piernas y sus botas de tacón de aguja de 15 centímetros rara vez abandonaban sus pies, sin importar el lodo o la nieve.

Fue en una tarde fangosa, mientras caminaba por los terrenos del centro de rehabilitación, cuando su tacón se clavó en el suelo y se atascó. Deteniendo su trance, liberó su pie y se detuvo a observar su entorno. A su lado había un árbol, alto y majestuoso, desgastado por el tiempo, silencioso y fuerte. Asombrada, Colette estudió el árbol como lo haría un artista, contemplándolo durante mucho tiempo, hasta darse cuenta de que algo lo había puesto allí: una fuerza más poderosa que ella, que estaba debajo, dentro y alrededor de todo.

En ese largo momento su antiguo mundo murió... y nació uno nuevo. Su fuego malsano se había consumido, y una pequeña chispa de fuego nuevo se encendió, alimentada por una conexión con Dios, con el amor, con la unidad de todo. Ese fue el momento en el que Colette abrió los ojos.

Se separó de su amante autodestructivo y desarrolló una nueva y nutrida relación consigo misma. Redescubrió su voz de canto y, durante sus años de recuperación, se dedicó al mundo de la música, consiguió un contrato discográfico con EMI Music y grabó dos álbumes de éxito.

Su recuperación le permitió cambiar su canción "Yo, yo, yo". Encaminó su propósito y descubrió un modelo espiritual y herramientas de enseñanza para ayudar a muchos. Ahora, su naturaleza generosa sin igual (otra característica de fuego) sirve con alegría a los demás a través de su capacidad psíquica y su profunda sabiduría psicológica. Ha formado a cientos de estudiantes para que cultiven su sabiduría para ver y utilizar su intuición. Sus enseñanzas surgen de su experiencia personal: las personas de fuego son su propia autoridad, se han graduado de su propia escuela personal de golpes duros. Colette dominó el camino de la recuperación... y así se convirtió en sanadora.

Ahora, pasemos a Drew y Myra Goodman, ambos con signos de fuego. Su historia lleva una consistencia a fuego lento por más de 30 años. Siguieron sin miedo al destino. A diferencia de las personas de otros elementos, que son mucho más equilibradas y controladas y pueden seguir la "norma", las personas de fuego reescriben la "norma".

Drew y Myra asistían a la misma escuela en Nueva York y vivían a menos de una manzana de distancia en los años 80. No se conocieron en verdad hasta que empezaron a salir juntos mientras eran estudiantes universitarios en California.

Myra, que es unos años más joven que Drew, se graduó de la secundaria antes de tiempo.

—Myra siempre tiene prisa —dijo Drew.

Ella iba por la vía rápida; empezó la universidad a los 16 años. Creó una especialidad independiente llamada Perspectivas Humanas, una combinación de antropología, filosofía y religión.

Durante el segundo semestre de su segundo año, con solo 16 años, Myra viajó a la India en un programa de estudios internacionales. Con un auto, un conductor y un intérprete, visitó aldeas aisladas para hablar con mujeres rurales sobre los beneficios de una iniciativa de desarrollo rural patrocinada por el gobierno que estaba investigando. Pero, a medida que avanzaba su investigación, descubrió que los pueblos estaban controlados por el gobierno local y las clases altas, las cuales en general negaban el acceso a las mujeres más pobres que podrían beneficiarse más.

> Las personas de fuego son expertos de la improvisación. Se meten donde otros se harían a un lado o se alejarían lo más rápido posible.

Myra pasó días escribiendo minuciosamente su informe en una vieja máquina de escribir mecánica, pensando que su perspicaz investigación daría lugar a una indagación y una resolución. Pero no fue así: como su conclusión no había validado por completo el éxito de la iniciativa recibió una calificación reprobatoria para asegurarse de que su informe nunca se presentara.

Myra estaba indignada. Esta feroz y joven chica de fuego pensó que iba a influir en el gobierno indio para que sus programas en verdad marcaran la diferencia para las mujeres pobres. Por primera vez en su vida, Myra se sintió sin poder; su ira y frustración fueron un punto de inflexión. Ya no podía limitarse a satisfacer su curiosidad intelectual, y se sintió obligada a pasar a la acción. A la dulce edad de 18 años, Myra era una revolucionaria, enfadada con el sistema cuando a nadie le importaba su punto de vista o su deseo de ayudar.

¡Me encanta esta historia! Pone en evidencia lo idealistas y apasionadas que son las personas de fuego cuando tienen un objetivo y una causa.

—La injusticia de la vida me galvanizó —me dijo Myra—. La justicia es una de las cosas que más me importan.

Esta es una verdadera cualidad del signo de fuego: las personas de fuego siempre defienden a los desvalidos.

Myra tenía solo 20 años y Drew 24 cuando se mudaron a su pequeño jardín del Edén. Encontraron una pequeña granja en Carmel Valley en la que podían vivir a cambio de un alquiler. No sabían nada de agricultura, pero el destino los llevó a convertirse en una de las primeras compañías en demostrar que la agricultura orgánica es viable a gran escala. Las personas de fuego solo saltan, y preguntan después: preparados, disparen, apunten. Ninguno de los dos tenía ni idea de lo que estaban haciendo.

Como dice Drew:

—Empezar la granja fue como quedarse en una isla desierta sin nada y tener que ingeniárselas. El hombre que se mudaba nos dio un breve tutorial sobre el cuidado de las frambuesas y la puesta en marcha del tractor, pero me olvidé del lápiz y papel para anotarlo y solo esperaba poder recordar lo que decía.

Las personas de fuego son expertos de la improvisación. Se meten donde otros se harían a un lado o se alejarían lo más rápido posible.

—Cuando llegó el momento de aplicar los pesticidas —dijo Drew—, me dirigí al cobertizo donde se guardaban los productos químicos. Abrí la puerta y me topé con un horrible olor tóxico. Me daba miedo estar allí, me dio escalofríos y pensé: no quiero comer esto, no quiero tocarlo. No lo usaremos.

—Al crecer en la ciudad de Nueva York, —continuó Myra—, donde nunca ves un pedazo de terreno de cultivo, no conoces esos productos químicos. Desde luego, no los ves ni los percibes en tus productos; ni siquiera sabes que están ahí. Los químicos tóxicos están diseñados para matar insectos y malas hierbas, así que me pregunté qué más podrían matar. ¿Cómo podemos utilizarlos para cultivar alimentos para el consumo humano con la conciencia limpia? Tiene que haber una forma de cultivar sin ellos.

Drew recuerda los inicios de Earthbound Farm:

—Pusimos un cartel en nuestra entrada y vendíamos frambuesas a 1,50 dólares la cesta. La gente venía y nos decía: "En el supermercado cuestan 99 centavos", a lo que respondíamos: "Sí, ¡pero las nuestras son orgánicas y saben mucho mejor!". Nunca dejamos que la discusión sobre el precio nos detuviera.

Drew y Myra trabajaban durante largas y duras jornadas. Como terminaban muy cansados para cocinar, solían comer cenas rápidas como pizza congelada. Cultivaban deliciosas verduras especiales para ensaladas frente a la ventana de su cocina, pero al final del día estaban demasiado agotados para cosecharlas para su propia cena. Con el tiempo, empezaron a lavar y embolsar cada domingo la ensalada suficiente para toda la semana. Ya que era tan rápido y fácil como abrir una bolsa, comían verduras saludables todas las noches. Ensalada prelavada en una bolsa. ¡Qué buena idea!

Cuando intentaron vender sus ensaladas especiales prelavadas más allá de su zona, Drew comenzó a hacer llamadas con la ayuda de la guía telefónica. No era un trabajo fácil en aquella época en la que ensalada era sinónimo de una simple lechuga: recibió un rechazo tras otro.

—Myra me oía hablar en voz alta por teléfono, —cuenta Drew— tratando de venderles nuestras ensaladas empacadas a todos los potenciales clientes. Recuerdo que una vez me preguntó: "¿Hasta cuándo vas a llamar a ese tipo? No quiere nuestros productos". Le dije: "Voy a llamarle todos los días hasta que lo quiera". Y así lo hice. Le llamé todos los días durante unos seis meses. Seguí llamando y llamando, para demostrar que sabía que lo que teníamos era bueno para él y para todos los implicados y quería que estuviera de acuerdo.

Las personas de fuego son insistentes. No aceptan un "no" como respuesta. Les encanta ayudar, les encanta competir y les encanta demostrar que te equivocas. Adoran los retos y el trabajo duro.

La verdad es que siempre nos decían que esto nunca iba a funcionar —confiesa Drew—. Poca gente estaba convencida de que pudiéramos ganarnos la vida vendiendo ensaladas empacadas o cultivando de forma orgánica.

Las ventas de Earthbound Farm superan hoy en día los 500 millones de dólares anuales.

Esta es una historia de perseverancia y determinación. Myra y Drew no tenían planes de ser los mayores cultivadores de productos orgánicos, dicen que solo seguían su destino.

¿Sientes el fuego?

Lo que estas dos historias tienen en común son personajes de fuego que han pasado por encima de sus limitaciones y el dolor de su familia, en dirección hacia el éxito. Los padres de Myra también fueron víctimas del Holocausto; ambas mujeres tomaron su complicado linaje y lo elevaron.

Nada puede detener el poderoso destino de una persona de fuego una vez que sigue su camino.

El fuego puede ir en dos direcciones. Puede inspirar a un atleta olímpico a alcanzar la grandeza o puede destruir el hígado y ser una fuente de depresión y obesidad. La pregunta que debe hacerse una persona de fuego es: ¿A quién estoy sirviendo, a mi ego y a mi lucha, o a mi misión y a mis dones? Colette reclamó sus dones, en lugar de tomar el camino de la autodestrucción y desde entonces ha estado sirviendo a los demás.

¿Qué necesitas para encontrar tu misión? Para no aceptar nunca un "no" como respuesta, recuerda las historias de Drew y Myra y la de Colette. Se adentraron de forma instintiva en su gran éxito, y en el proceso hicieron una contribución a todos nosotros. Lo hicieron sin un plan: fue algo predestinado e intenso, ya que siguieron su pasión.

El destino se saldrá con la suya si solo dices "sí". ¿Necesitas darle fuego a tu vida, empezar de nuevo y volver al juego, a través de la honestidad y la humildad como lo hizo Colette? ¿Estás dispuesto a entregarte a una causa, a dar con libertad, a ser voluntario y a derramar tu fuerza vital como hicieron los Goodman? La respuesta corta es: haz algo, adelante, deja que el fuego arda.

CAPÍTULO 17

TRABAJANDO CON EL ELEMENTO FUEGO

Fuego: el programa de cuatro pasos de los elementos

El elemento fuego consiste en la honestidad, la franqueza y la pasión por la verdad. Dices lo que todos los demás tienen miedo de decir. Cuando el elemento fuego arde con fuerza, tienes el valor o la tenacidad de enfrentarte a la pretensión o la cortesía y decir lo que nadie dice. El fuego mantiene su optimismo y aborda todo de frente y con un enfoque energético. Es la parte de todos nosotros que se mueve a voluntad hacia el cambio. El fuego transmuta los sistemas anticuados en cenizas, creando la posibilidad de que surja algo nuevo.

LOS PASOS

1. EXPLORA: busca en tu interior e identifica las energías y los patrones del elemento en tu vida.
2. ARTICULA: ponle palabras a tus patrones elementales; habla y ríete de ellos con un testigo de confianza.
3. INVESTIGA: reconoce los puntos fuertes y los lados sombríos. Identifica y familiarízate con tus lecciones elementales.
4. TRANSFORMA: inicia una práctica para crear un nuevo paradigma.

Como colectivo, este siglo es como vivir en un ciclo de fuego; con frecuencia oímos hablar de guerras, terroristas suicidas, incendios forestales, combustibles fósiles que causan el cambio climático, extinciones masivas de especies, etc. Nos encontramos en un momento muy crítico de la historia de la humanidad, un momento que podríamos catalogar como desesperado e irreparable. El fuego es esperanzador pase lo que pase, es el mejor aliado para el cambio radical. El fuego no se quema a sí mismo y compartir su llama con otro no disminuye su poder. El elemento fuego vive para compartir e incluir a todos en su fiesta. El fuego es fuente tanto de vida como de muerte y exige que todos se unan a él. Es el elemento fuego el que aparece en los momentos difíciles, persuadiéndonos a confiar en la intuición y a desarrollar la fe. Cuando el calor aumenta, solo sobrevive lo que es sincero y verdadero.

> Si tienes una buena cantidad de fuego, tener el coraje de destacar sin sentirte cohibido hará que te ganes el respeto y la satisfacción con mayor facilidad.

Las personas de fuego suelen ser etiquetadas a una edad temprana por ser muy buenas o muy malas, lo que contribuye a su timidez natural. Son ruidosos, bulliciosos, y, por tanto, a menudo acomplejados. Por ello, defienden a los más débiles, porque siempre se han destacado. Se hacen notar: todos miramos fijamente al fuego. Su simple presencia provoca celos. Cualquiera que tenga un fuego fuerte te dirá que hay gente que se siente atraída, como repelida por su calor. Solo unos pocos pueden seguir el ritmo de aquellos que tienen mucho fuego. Si tienes una cantidad generosa de fuego y puedes destacar sin sentirte cohibido, ese es tu don. Eso es lo que hace que te ganes con facilidad el respeto y la satisfacción porque eres franco y un líder.

Nada te quema más que ser ignorado. Aunque anhelas la atención y el reconocimiento de los demás, no siempre lo admites. ¿Por qué no, fuego? Te encanta que te vean. La atención te mete en problemas. Cuando tu elemento fuego es honesto sobre su necesidad de atención y respeto y tienes buen sentido del humor, eres más fácil de llevar. No hay nada como cuando eres transparente y nos dejas escuchar tus declaraciones de cruda honestidad.

Seamos sinceros: el elemento fuego suscita la competencia. Te vistes de colores y eres atrevido. Cuando el calor del fuego se manifiesta, todas nuestras sombras se activan, nos ponemos celosos o competitivos. El fuego quema a los que se acercan demasiado, porque careces de las habilidades de comunicación avanzadas para hablar de tu contenido emocional. Te enfadas primero y te arrepientes después. Cuando madura, el temperamento y comportamiento del fuego se suaviza y se vuelve más centrado, generando un don de honestidad intenso e inspirador. Las personas de fuego son sanadoras y videntes. A todos nos gusta recibir la energía del fuego cuando este nos anima con entusiasmo. Ser amado por una persona de fuego hace que el amor de los demás sea aburrido en comparación.

Las personas de fuego se adaptan a trabajos en los que pueden actuar como catalizadores de cambio o vender algo. El fuego mantiene las cosas agitadas, se mueve con rapidez y odia que todo vaya demasiado bien. Estas personas adoran el drama, pero es posible que no lo admitan. Dondequiera que vayan, les seguirá una gran historia; siempre están dispuestas a volar hacia su próxima aventura. Los objetivos que pueden alcanzarse les atraen de inmediato, sin embargo, también tienden a perder el interés con la misma rapidez una vez que la emoción inicial se desvanece o se convierte en rutina, y cuando eso ocurre, se van. Pero con las prisas no siempre recuerdan lo que han aprendido, sobre todo los errores. Admítelo, fuego: tú también puedes meter la pata. Aprende a terminar lo que empiezas, o pide ayuda a quienes pueden mostrarte cómo hacerlo. Cuando el fuego está dispuesto a aprender del pasado, a reírse de los golpes y a aceptar el "habría sido mejor si...", estarás en vías de obtener un doctorado en la escuela de los golpes duros.

> El fuego es muy cinético y físico; la actividad es el alimento que nutre tu alma.

El fuego no viene con un botón de apagado o, al menos, lleva tiempo encontrarlo. Piensa en el fuego en la naturaleza: intentamos apagar las llamas con agua o cubriéndolo con tierra, pero el fuego no sabe cómo apagarse a sí mismo. Es muy ambicioso y se cree invencible; puede que no sepa cuándo detenerse, ni siquiera reconocer cuándo está tan alejado que se encuentra solo. Si este es tu caso, no olvides que tu "actitud descuidada" puede parecer imprudente a los que te rodean. En el peor de los casos, pierdes la energía con una sensación de fracaso y comes demasiado o te vas de fiesta con demasiada frecuencia y pierdes el rumbo.

El fuego es muy cinético y físico, la actividad es el alimento que te

> El fuego necesita energía para metabolizar lo que estás aprendiendo… baila, grita, golpea una almohada.

nutre. Si este elemento es fuerte, se adapta bien al lado espontáneo de la vida. Tu energía debe estar en movimiento. Obviamente, eres el indicado para cualquier cosa que mantenga el calor, ya sea una clase de spinning, las artes marciales, las motocicletas o hacer yoga todos los días. Si no es así, el elemento fuego tiene la extraña capacidad de volverse perezoso. Si el fuego se apaga, llega la depresión, la obesidad y las adicciones; cuando el fuego es disfuncional, ¡es muy disfuncional! El ejercicio es la forma más rápida de activar tu energía cuando la depresión o el letargo se han apoderado de ti.

Si tienes abundante fuego, confías en tu intuición. Siempre a fuego lento, este elemento puede llevarte a repentinos estallidos de inspiración y empujarte a la acción. No desperdicias muchas emociones preocupándote por nimiedades o melodramas ajenos. El fuego tiene un temperamento que estalla a la menor irritación, pero que luego se apaga con rapidez. Tu naturaleza impulsiva no significa que debas pisotear los sentimientos o las emociones de los demás, pero eso es lo que ocurre cuando tienes miedo de perder tu libertad, o de aburrirte, Dios no lo quiera. Debes ser el organizador de la fiesta, el profesor de aerobics o tomar algunas clases de actuación.

Demasiado fuego, y corres el riesgo de ser un amante de la libertad demasiado indulgente para comprometerse; alguien que siempre busca la diversión incluso a costa de su propia salud. Te olvidas de cumplir y de ser responsable y se te tilda de ser una perezosa máquina de diversión.

Muy poco fuego, y el humor desaparece, la independencia apenas se experimenta y una sensación de desesperanza te persigue.

Energías y palabras clave del fuego

- Necesita mover la energía de forma atlética
- Entusiasta, apasionado
- Impulsivo, de carácter explosivo
- Inspirador
- Reina/rey del drama
- Le gusta divertirse, es enérgico, infantil o aniñado
- No le gusta aburrirse
- Sexual
- Colorido y atrevido
- Retador, siente ganas de pelear
- Defiende a los desvalidos
- Intuitivo
- Entusiasta
- Indulgente: "¡Más, por favor!"
- Honesto sin piedad
- Necesita hacerse notar
- Líder; no puede estar quieto o seguir a los demás
- Ansía la atención
- No tiene botón de apagado; no sabe cuándo parar
- Ama la vida
- Cohibido
- Se enfada por poco tiempo; reacciones rápidas e impulsivas
- A veces inseguro, a veces demasiado seguro de sí mismo
- Honesto; contundente y filosófico, buenas frases
- Le encanta empezar algo nuevo
- Ultraindependiente; rebelde con causa
- Demasiado optimista
- Filosófico
- Graduado de la escuela de los golpes duros

Fortalezas de fuego	Sombras de fuego
• Capacidad de ser un catalizador y una inspiración generosa para el cambio • Mucha fuerza vital • Carisma natural que inspira a los demás a escuchar o seguir sin cuestionar • Habilidad para atraer a personas y circunstancias beneficiosas • Valor intrépido y energía que no se detiene • Campo de fuerza magnético que atrae justo lo que se necesita en el momento oportuno • Don de la intuición	• Engaño; puede racionalizar cualquier cosa; tiende a embellecer o exagerar • Competitivo sin corazón • Ególatra, egocéntrico, sabelotodo • Ferozmente independiente, autosuficiente y autoindulgente • Problemas de ira; arrebatos violentos, rabia • Odia los detalles y a menudo no termina lo que empieza • Impaciente con quienes no pueden seguir su ritmo • Haberse metido en problemas en el pasado puede provocar el miedo a que lo atrapen • Autoimportancia y orgullo • Incapaz de censurar o ser discriminatorio con la comunicación

El fuego saludable se cultiva cuando aprendes a regular con facilidad la bestia feroz pero bondadosa que llevas dentro y puedes convocar el impresionante poder de la espontaneidad creativa a través de la sabiduría psicológica de un corazón abierto. Eres un gran maestro y estudiante de la vida.

He aquí las grandes preguntas cuando *EXPLORAS* el fuego:

• ¿Cómo sirves a tu misión y a tus dones versus el drama y el aburrimiento?

- ¿Te tomas tiempo para mirar atrás y aprender de los errores del pasado sin culpar al otro?
- ¿Cómo puedes ser sensible a los demás y abrazar el lado emocional?
- ¿Está bien decir la verdad, aunque ello signifique romper con la armonía?
- ¿Cómo puedes estar en una relación y no perder tu libertad?
- ¿Cómo puedes ser gentil sin dejar de ser poderoso?
- ¿Puedes defenderte a ti mismo sin ser exigente y crítico?

Tómate tiempo para reflexionar e identificar los patrones habituales y las energías elementales del fuego que forman parte de la historia de tu vida. Como el pensamiento: "Soy demasiado", o "Nadie me deja ser yo", "Solo quiero divertirme". Sin juzgarte ni ponerte a la defensiva, date cuenta de lo mucho que dramatizas. Empieza a identificar las creencias e historias principales que repites. El fuego necesita honestidad para cambiar la vieja historia. Poner música, bailar, gritar, golpear una almohada son grandes prácticas para que el fuego aprenda a mover su energía con libertad. Ríete y disfruta del hecho de que tan solo eres un ser humano como los demás.

Revisa la encuesta de los elementos (fuego) que completaste más arriba: ¿En qué grado estás en contacto con el elemento fuego? Ya sea bajo o alto, dedica unos momentos a reflexionar sobre dónde existe el fuego en tu vida diaria. Siente curiosidad por los temas y las situaciones en las que el fuego está vivo o en las que se apaga.

> Ten cuidado con tu necesidad de atención y reconocimiento y vigila dónde te ha capturado tu ego y dónde ha convertido tu sufrimiento en el centro del drama.

Ahora utiliza el observador para ver tus patrones. Pregúntate: "¿Cuán ingenua ha sido mi impulsividad?", "¿Recurro al humor o me pongo a la defensiva cuando se despierta el crítico interior?". A menudo, donde te sientes atrapado es donde tu fuego está siendo utilizado por tu ego para conservar la vieja historia. Con frecuencia, cuando tu elemento fuego no está sincronizado, reúne pruebas para justificar tus acciones y descarta los sentimientos y las emociones de los demás.

Ve un paso más allá. Lee la descripción de las personas de fuego, vuelve a reflexionar y habla sobre qué otros aspectos de tus comportamientos y patrones conoces ahora. Recuerda apagar el ego, tu crítico y juez interno, y encender el observador, tu alma compasiva, para ser testigo de tu naturaleza humana.

Ahora *ARTICULA* y expresa tus patrones elementales de fuego. Busca un compañero de confianza, toma el centro del escenario y pídele que registre tus pensamientos. Date permiso para ser ruidoso y alborotado. Cuando hayas terminado, pídele que lea en voz alta lo que ha escrito. Escucha y deja que tu fuego experimente el calor que generas. El fuego odia ser mundano y odia ir despacio. Sé franco y di la verdad sobre tus patrones con sentido del humor; reírte de ti mismo es la clave de tu libertad.

Las personas de FUEGO se relacionan con estas afirmaciones:

- Me gusta gastar energía física
- Soy directo y con frecuencia digo cosas que me meten en problemas
- Soy entusiasta y apasionado
- A la gente le gustaría bajar mi volumen o piensa que soy muy intenso
- Me resulta fácil reír y encontrar el humor en la vida
- Me gusta mucho la filosofía y/o la espiritualidad
- Inspiro a los demás para que tomen acción
- La gente se enfada conmigo; el enfado puede ser un problema, ya sea mío o de los demás
- Puedo ser el alma de la fiesta
- Lucho por los desfavorecidos y/o me encanta discutir y debatir

Para *INVESTIGAR* tus lecciones elementales, desactiva la tenacidad natural del fuego de creer que ya conoce la respuesta y adopta la actitud de un aprendiz que está recopilando datos y aprendiendo una nueva habilidad. Haz preguntas y explora tus hábitos y patrones. Al fuego no le importa que le pongan de rodillas. Son los mejores estudiantes de la vida una vez que deciden que les interesa el tema en cuestión.

Ten cuidado con tu necesidad de atención y reconocimiento y vigila dónde te ha capturado tu ego y dónde ha convertido tu sufrimiento en el centro del drama. Tu reto es saber que tu alma es feliz con o sin la atención de los demás. Busca la comprensión y explora los lugares en los que te has deprimido, en los que te has vuelto perezoso o en los que has perdido el interés. Practica decir: "Solo soy un ser humano normal y puedo cometer errores". Dale a tu alma el permiso de estar orgullosa de tu feroz y, a veces incomprendido, fuego. Mostrar un poco de suavidad y emociones no apaga tu fuego, simplemente ayuda a empezar a templar el calor. Familiarízate con la fortaleza y la sombra del fuego.

La clave para encender tu fuego sin que se produzca una hoguera es ser más perceptivo con el mundo que te rodea. Las personas de fuego tienen a menudo la reputación de no tener corazón o de ser unos sabelotodo. Verás, el fuego no cree en algo solo porque los demás lo hagan. Sin embargo, eso no te impide frenar lo suficiente para escuchar: si siempre vas deprisa a la siguiente aventura, te estás engañando a ti mismo y te pierdes el desarrollo de tus habilidades en su totalidad. Si no estás abierto a la retroalimentación, te pierdes el pequeño libro de instrucciones de la vida y la sabiduría de los demás; la retroalimentación te da el alimento que nutre tu llama. El fuego necesita del aire, el aire es el maestro de la retroalimentación. La arrogancia del fuego disminuirá cuando comprendas que hay otros que tienen algo que ofrecer. A medida que el fuego evoluciona, adquiere conciencia y la capacidad de reírse de sí mismo.

El fuego es el elemento que quiere que disfrutes de todo corazón del viaje espontáneo en el que te encuentras. Sigue empujándote por donde los ángeles temen pisar. ¿Puedes compartir tu entusiasmo por la vida y experimentar a plenitud las emociones y la monotonía que la acompañan? Estás aquí para confiar en tu magia y saber que, en el mejor de los casos, eres un campo de fuerza magnético y, en el peor de los casos, tus sueños son demasiado grandes para hacerse realidad y estás hiriendo a la gente con tu ego.

Al identificar con honestidad las lecciones elementales del fuego en tu vida, comenzarás a desarrollar empatía por la naturaleza humana. Disminuir la velocidad y dar los pasos necesarios para asumir y liberar tus viejos patrones puede ser un reto para el fuego; pensarás que estás por encima de todo esto. Un primer paso es darse permiso para ser humano: tengo un ego, soy mandón, necesito atención. Dar a tu naturaleza humana el permiso de ser honesto y vulnerable por completo es la clave de la sabiduría.

Permisos de fuego

- Puedo usar mi "botón de apagado" y saber cuándo parar.
- Me gustan los cambios y puedo dejar que mi alma brille y los disfrute.
- Estoy abierto al compromiso.
- Sé que ser importante, independiente y exitoso no me convierte en una persona difícil de llevar.
- Tengo el valor para ser disruptivo y no meterme en problemas.
- Puedo pensar y salirme de la norma y aun así ser aceptado.
- Soy único y las etiquetas no me definen.
- La retroalimentación me nutre y estoy dispuesto a escuchar a los demás.
- Pediré lo que necesito cuando quiero atención.
- No tengo problema en ser escandaloso y audaz.
- Puedo dar a conocer mis intenciones y ser consciente de cómo las reciben los demás.
- Me comunicaré con un corazón abierto.
- Seguiré adelante y no dejaré que el miedo me detenga.

Ahora es momento de *TRANSFORMAR* y cambiar la vieja historia. Puedes:

- Pedir lo que necesitas, sin exigir.
- Practicar pedir y dar retroalimentación; escuchar sin estar a la defensiva. Escuchar te ayudará.
- Ampliar tu capacidad para creer en tu propia opinión, viendo el punto de vista de los demás.
- Disfrutar del "toma y dame" de trabajar con otros.
- No hay que cambiar todo.
- Aprender a decir: "Lo siento, me he equivocado".

- Aprender a saber cuándo hay que parar.

El uso correcto del fuego consiste en mantenerse en pie ante la catástrofe, manteniendo el corazón abierto y la fe, incluso cuando todo parece desastroso. El fuego saludable es un corazón abierto que dice: "A pesar del rechazo, sigo amando la vida y nada me apartará del amor". El uso correcto del fuego también consiste en saber utilizar la ira como un impulso proactivo para crear cambios, en lugar de utilizar la ira para destruir.

Si deseas equilibrar el elemento fuego o crear una práctica para mantener un fuego saludable y estable, he aquí algunas sugerencias:

Meditación

La meditación es una forma útil de estabilizar la energía del fuego. Tomarse un tiempo cada día para "solo ser" permite que tu energía se inspire y se concentre. La meditación mientras se camina es una gran manera de dinamizar la práctica y experimentar la meditación en acción. Para la mayoría, meditar caminando aumenta la conciencia del cuerpo, lo que puede añadir un intenso disfrute para aquellos con alta energía. Para cualquier persona con problemas con el fuego, el yoga kundalini es una herramienta específica que en verdad ayuda a equilibrar este elemento.

Ejercicio

El ejercicio es la forma más rápida de activar el cuerpo cuando hay depresión o letargo. Ve despacio y no te desanimes; puede llevar algún tiempo, pero una vez que el régimen está en marcha, es mucho más fácil mantener la salud. ¡Debes hacer ejercicio por tu bienestar!

Experimenta nuevos estilos de comunicación

Hay muchas maneras de hacer entender tu punto de vista. Aprende a mantener conversaciones difíciles con eficacia; toma clases de comunicación. Tienes tendencia a cortar las relaciones con la gente cuando quieres pasar página. Vuelve a visitar a los viejos amigos y abre tu corazón a lo que puedas haber hecho para contribuir a la historia.

Aprende a luchar de forma limpia

Aprender a discutir de una manera creativa y que te acerque a la persona con la que peleas será un indicador del uso correcto del fuego. Decir que lo sientes y parar cuando los demás te piden que pares es una habilidad importante para el fuego. Estás acostumbrado a tu intensidad y puede que no reconozcas del todo tu impacto. Ser capaz de separar tu intención de tu impacto es un gran primer paso.

Experimenta la alegría y el humor cada día

Recuerda que la vida está llena de alegría. Intenta cantar o bailar. Busca buenas noticias y cuentos felices. Encuentra a alguien con quien puedas reír y que disfrute de tu sentido del humor. Todas estas son formas de encender la fuerza vital optimista natural del fuego. Encuentra tiempo para apreciar a quienes te inspiran. Estar inmerso en la alegría es una gran manera de pasar de la escuela de los golpes duros a la escuela de la aventura y la emoción.

> La clave para encender tu fuego sin que se produzca una hoguera es ser más perceptivo con el mundo que te rodea.

CAPÍTULO 18

LA MUJER DE FUEGO

Soy una persona apasionada y llena de vida; me encanta disfrazarme, brillar y destellar. Amo llamar la atención y no suelo saber contenerme. Hay veces que me gustaría ser más recatada y suave, pero a la hora de la verdad, tengo que dejarme llevar y decir lo que pienso. Si alguien me pide mi opinión sobre su aspecto, sus habilidades o su relación, diré la verdad; adoro la honestidad. Soy una persona fuerte y asumo que los demás también lo son. No puedo cambiar este impulso, lo he intentado. Por favor, no me preguntes algo si no quieres mi opinión honesta y contundente.

Me encanta estar en forma. Puedo ser adicta al ejercicio; si dejo de hacerlo, pierdo energía. Al comer, como de verdad, al salir de fiesta, me divierto de verdad, cuando soy sexual, me pongo ardiente. Me encanta la velocidad y las cosas atrevidas. Sin embargo, todo eso en verdad se atenúa en la adultez.

En el peor de los casos, soy una reina del drama atrapada por la necesidad de atención, la que obtendré por cualquier medio posible. Puedo ser exigente. En el mejor de los casos, soy cariñosa y alegre, el alma de la fiesta y la que abre corazones con su autenticidad, humanidad y diversión.

Por favor, no te ofendas por mi necesidad de atención. En cuanto me sienta satisfecha, cuando haya recibido, te devolveré diez veces más. Es cierto, dame lo que pido y yo haré lo mismo por ti, pero, por favor, no dejes de hacerlo en medio de nuestra película sin avisarme, porque cuando me siento rechazada o descuidada en lo personal, puedo ser dura. Bajo la bravuconería de mi fuego hay un corazón tierno que solo quiere amar.

Nunca necesité entrenamiento en asertividad. De niña, nunca entendí por qué me llamaban mandona; es que sé cómo hacer las cosas y cuando veo a alguien con dificultades, asumo que necesita ayuda y que debo mostrarle cómo se hacen las cosas.

Social

Incluso ahora, de adulta, tengo dos ritmos: o bien brillo con fuerza y soy salvaje y desinhibida, o bien soy muy tímida y reservada hasta que encuentro un escenario o lugar seguro en el que mostrarme. Cuando estoy con mis amigos más cercanos no me contengo, sobre todo si son personas de fuego, personas que no se sienten intimidadas ni temen mi poder. Es con mis iguales cuando muestro vulnerabilidad y solo en contadas ocasiones.

Unas pocas palabras de aliento me sirven de mucho. Soy mucho más sensible de lo que parece; puedo percibir el más mínimo indicio de rechazo por parte de mis amigas o de mi amante y reacciono al instante. En cuanto se vuelven desatentos o no llaman con regularidad, sé que algo pasa y me preocupa.

Se me da bien alimentar las amistades y las relaciones familiares. Llamo y pregunto: "¿Estás enfadado conmigo?". A menudo asumo que he hecho algo malo, porque mi personalidad extravagante debe haber ofendido a alguien sin querer. No me resulta fácil comunicarme en exceso, me gusta ir al grano, decir las cosas sin rodeos y seguir con la diversión. Eso puede molestar a la gente.

No permito que otros se aprovechen de mí o de mis seres queridos, y si lo hacen, respondo con rapidez. Por ejemplo, si alguien me critica a mí o a alguien a quien quiero, siento como si me hubieran abofeteado y tomo represalias por impulso. Puedo ser hipersensible a la injusticia y la deslealtad y siempre apoyo a los desvalidos. Defiendo lo que es importante y animo a los demás a hacer lo mismo; no puedo fingir, ni alejarme a la ligera cuando algo no está bien. Con mi comportamiento doy ejemplo como modelo de integridad. El honor lo es todo para mí.

Relaciones

Anhelo que me comprendan y que me amen. Quiero que me envíen flores, regalos y cartas de amor, esos simples actos de bondad me hacen entrar en éxtasis. Si no se me reconocen mis esfuerzos, mi creatividad, mi amor y mi apoyo, me molesto, cosa que sabrás al instante porque no tengo problemas para quejarme o incluso decir palabrotas en un momento de pasión. Te haré saber, en términos inequívocos, que has herido mis sentimientos, que te estás aprovechando de mí y que tienes que reconsiderar tu comportamiento.

A menos que la personalidad de un hombre esté a la altura de la mía, puedo dominarlo y no sabremos qué fue lo que falló. A menudo hago de cuidadora de toda la familia. A menos que el padre de mis hijos sea capaz de valerse por sí mismo, como madre asumo el papel principal. Cuando siento que he dado demasiado y estoy agotada, puedo ponerme muy irritable e incluso cáustica. Necesito mucho aprecio y aplauso para alimentarme; que alguien me diga "gracias, te amo" con un abrazo puede cambiar drásticamente mi actitud.

De pequeña era machorra. Cuando veía a un chico que me gustaba, me parecía apropiado decírselo, incluso invitaba a los chicos a salir. Cuando me daba cuenta de que los chicos competían conmigo y de que los ahuyentaba, me alejaba o me encerraba en mí misma.

Soy siempre leal y sincera cuando se trata del amor. Coqueteo, pero sé cómo mantener mi corazón en el blanco y no cruzar las líneas. Soy una mujer monógama y exijo lo mismo de mi amante.

Familia

Soy una gran madre para un niño, una mascota o incluso una planta. Soy atenta y cariñosa y haré cualquier cosa por los que quiero. Por encima de cualquier otro logro, mis hijos son el orgullo y la alegría de toda mi vida y desde pequeña he sabido lo importante que es la crianza de los hijos.

Mi lealtad a mis padres es absoluta; soy yo quien los cuidará en sus años de declive. Me resulta fácil asumir la responsabilidad de ayudar a cualquier miembro de la familia que me necesite. Soy siempre leal y haré un esfuerzo adicional por mi familia o mis amigos. Me pongo en los zapatos de los indefensos y sé que querría que alguien me ayudara. A menudo me han acusado de egoísta, pero nunca he entendido por qué la gente piensa eso; me parece que siempre estoy preocupada el bienestar de los demás. Hablo de mis hijos todo el tiempo, y para bien o para mal, hablo siempre de mi cónyuge. Soy un libro abierto.

Cuando era joven, mi canción favorita era "¡YO! ¡YO! ¡YO!". Envejecer me sirve de mucho. Una vez he recibido reconocimiento, ya sea en público o en privado, ya no exijo tanta atención. Lo único que quiero es que mis hijos tengan éxito y que mi nombre sea reconocido. Cuando eso se cumpla, me sentiré satisfecha.

Trabajo

Soy inspiradora como maestra, líder e iniciadora. No tengo miedo de probar algo nuevo; siempre estoy pensando en formas creativas de coser, cocinar, vestir y ayudar a la gente. Tengo mi propio estilo de decoración y cuando visites mi casa sin duda notarás mi creatividad. Por favor, hazlo, me duele si no lo haces.

Todo lo que hago, lo hago con todo mi ser. Trabajaré más tiempo y más duro que cualquier otra persona, dejaré que todos sepan que fui yo quien tomó el timón. Me gusta hacer sonar mi propio cuerno en caso de que nadie más lo haga. Mi firma es grande y evidente.

Soy una buena jefa. Recibirás una gran bonificación de mi parte siempre que perciba que estás dando más de lo esperado. Te seré leal si sigues mi ejemplo, pero cuando creas estar preparado para tomar el mando será difícil para ti: no soy buena compartiendo el protagonismo.

Siempre me ha parecido que vale la pena luchar por los derechos de la mujer. Me cuesta entender por qué una mujer debe ganar menos que un hombre. A menudo los hombres me frustran, y lo expreso con libertad. Por suerte, tengo lo necesario para imponer respeto y así no los alejo.

Sospecho que la gente habla a mis espaldas. Por favor, ten cuidado con mis sentimientos. No es bueno ni para ti ni para tu proyecto tenerme en el lado equivocado. La influencia de mi "gran energía" se siente incluso cuando no estoy cerca.

CAPÍTULO 19

EL HOMBRE DE FUEGO

Vivito y coleando, ese soy yo. Aprieto el acelerador, lo doy todo en el momento y me ocupo de las consecuencias después.

Me hago notar. Sé cómo conseguir lo que quiero cuando lo quiero. Soy tajante y directo, digo la verdad sin las censuras sociales de tacto y diplomacia. El impulso se apodera de mi corazón, aviva mi entrepierna y me empuja hacia mi objetivo sin freno. Una vez que estoy en racha, me resulta difícil encontrar el botón de apagado.

Estoy lleno de sorpresas. A veces incluso me sorprendo a mí mismo.

Pero lo interesante es que **soy tímido.** Parezco seguro de mí mismo porque me expreso y asumo el papel de líder, pero detrás de todo ese fuego hay un niño sensible esperando que alguien lo juzgue por su comportamiento impulsivo y le diga que baje el tono o se calme. La gente me ha hecho esto desde que era un niño, así que, aunque pueda parecer inmune a los comentarios de las personas, la verdad es que vivo con la inseguridad de incomodar a los demás.

La buena noticia es que tengo la resistencia y actitud perseverante necesarias para superar mis miedos. Me destaco en la actuación, el atletismo, el liderazgo espiritual y/o político o las ventas. Se me da bien cualquier cosa que requiera valor e inspiración. Puedo subir el volumen, ser ruidoso y expresivo, convenciéndote de que votar por mí es imprescindible. Sin duda, comprarás lo que vendo, me aplaudirás o estarás de acuerdo conmigo mientras te atrapo en apenas un momento.

Soy competitivo: puedo correr más lejos, saltar más alto y aceptar todo tipo de retos cuando se trata de desafíos físicos. Cuando era joven, era difícil que me cansara. Cualquier persona de fuego sabe que cuanta más energía gastamos, más energía ganamos. Si no me muevo, hablo o emprendo, me aburro. Pierdo energía cuando me relajo, pero la gano cuando la gasto. Cuanto más ejercicio haga, mejor me sentiré.

Lo mismo ocurre con el dinero: me encanta gastar, soy muy generoso. He aprendido a compartir porque sé que siempre hay suficiente para todos. Me molesta y me frustra que los demás no estén abiertos a compartir y se abstengan; los tacaños o los depresivos no son mi tipo de gente.

Social
Soy muy bueno echándole leña al fuego. Si puedo encontrar a alguien con quien juguetear con palabras, o alguien con quien coquetear, cantar o festejar, seré feliz.

Solo quiero pasarla bien e incluir a todos los amigos que pueda; me preocupo de que todos se sientan bien. La felicidad, el drama y el entusiasmo son mis esencias. Tengo una alegría contagiosa. Si alguien no quiere participar o resulta ser un aguafiestas, me es difícil no llamarle la atención, por lo que a veces las personalidades más tranquilas y suaves me encuentran prepotente.

Lo que más me gusta es reír y hacer reír a los demás. Necesito que la diversión sea lo primordial o me enojo y quiero hacer algo salvaje y loco para que las cosas se pongan en marcha. Las bromas pesadas son mi especialidad; la cámara oculta fue diseñada por una persona de fuego, sin duda: "Hagamos la cosa más extraña y humillemos en público a alguien, todo en nombre del humor". No puedo soportar que las cosas estén en calma y en orden durante mucho tiempo.

Quiero estar en medio de los acontecimientos, no quiero perderme nada. Me encanta estar en el foco, no puedo soportar estar al margen durante mucho tiempo; llamaré la atención de un modo u otro. Comeré más dulces, más tarta y me divertiré más que nadie. Quemaré la vela por los dos extremos. La vela, el fuego... ya entiendo. A veces soy inapropiado, incluso tonto si he bebido demasiado; me encanta beber. Me resulta difícil aplicar la disciplina y bajar el tono, incluso cuando alguien me ha dicho que lo haga.

Todo es genial cuando estoy feliz, pero cuando estoy triste, es igual de intenso. Sufro estados emocionales extremos, pero es poco probable que me abra con facilidad. Cuando me deprimo, solo te lo diré si somos muy unidos. Es probable que me enamore con desesperación una o dos veces en mi vida y quiera gritarlo a los cuatro vientos, pero he aprendido a no dejar que esas emociones se salgan del todo con la suya. Cuando era joven, me parecía mucho a Zorba, el griego. Me gustaría que la gente supiera que mi extravagante comportamiento es un intento de mantener el fuego encendido y de conseguir que la gente sea honesta e íntegra. No es mi intención echarle más leña al fuego solo por ser disruptivo, tan solo busco a aquellas personas con la suficiente alegría y sentido del humor para que me acompañen a hacer brillar este planeta un poco más. Por favor, no pienses que es mi intención herirte cuando te digo la verdad tal y como la veo, solo estoy siendo yo mismo a mi fogosa manera. Mi verdadero impulso proviene de un fuego apasionado en mi vientre que nunca desaparecerá.

Relaciones

Soy una persona que necesita una relación. De joven, parecía que el rechazo me buscaba, me resultaba familiar a mis veinte años, y ese patrón se repetirá hasta que encuentre un verdadero amigo, mentor o pareja que me apoye de forma incondicional. Pero en cuanto logre una alianza fuerte, encontraré la calma.

Soy un amante ardiente; la pasión y el impulso sexual me han acompañado durante toda mi vida. Hay veces en las que me he dejado controlar por la testosterona, pero el paso de los años me ha ayudado. Cuando el impulso físico es menos exigente, soy menos compulsivo. Un fuego embravecido es más atractivo cuando se enfría. Como una buena botella de agua de fuego, mejoro con los años.

Soy leal cuando estoy enamorado en serio, pero si la relación no es verdadera, puedo perder el rumbo. Yo mismo he resultado lastimado por causa de la infidelidad; es un tema muy delicado del que no puedo hablar. Me resulta más fácil enfadarme que expresar mi tristeza.

Familia

Mis hijos me impresionan. Hablo de ellos a menudo, aunque a ellos les parezca que no les presto suficiente atención y, cuando lo hago, es solo para hacerles saber cómo pueden hacer las cosas mejor. Es cierto que tiendo a ser mandón, lo que ocurre es que tengo ideas muy claras sobre lo que deberían hacer y se las ofrezco con mucho gusto. Solo intento ser útil, aunque con los años me he dado cuenta de que son mis oídos y mi tiempo lo que quieren mis hijos, no mis opiniones ni mis expectativas.

Me resulta difícil quedarme callado cuando hay verdades a flor de piel. En mi familia tengo que hablar de lo que en realidad ocurre. Por ejemplo, si alguien tiene una aventura y todos lo sabemos, debo hablar de ello. No tengo una personalidad "apropiada" para lo social, ni tampoco quiero tenerla.

Mi independencia y mi loca agenda siempre me han impedido "estar" ahí. El "hacer" es lo que mejor se me da. A pesar de lo rápido que soy en todo lo que hago, aprendo despacio cuando se trata de las relaciones y la familia. Tengo una gran personalidad y utilizo mi enfoque único para ver el mundo. A medida que aprendo a ir más despacio (con la edad), empiezo a aceptar que la mía no es la única opinión que importa y mi atención a los sentimientos de mi familia aumenta. Créanme, conseguiré ser humilde; les pasa a todos los hombres de fuego. Las mujeres son mis mejores maestras.

Trabajo

En el trabajo, soy una persona autónoma. Suelo ser el jefe, el actor principal, el mejor vendedor; o renuncio. Me resulta difícil que me retengan. Puedo ser muy impaciente. Mis profesores, jefes e incluso amigos se enfadan conmigo, diciendo que soy arrogante y demasiado fuerte para mi propio bien. Mi personalidad se suaviza cuando alcanzo algunos logros; a través de mis éxitos, aprendo a creer que en verdad soy bueno en las cosas, y es entonces cuando dejo de buscar la aprobación y puedo tranquilizarme bastante.

Mi éxito se manifiesta casi de inmediato porque soy muy creativo. Soy capaz de encontrar con facilidad la ruta más rápida para cualquier tarea y hacerla realidad. Sé cómo deben funcionar las cosas. El cambio es fácil para mí: puedo aplicarlo, enseñarlo y resolver problemas sin esfuerzo.

Mi carrera puede cambiar en su totalidad en un lapso de diez años. Probaré muchos proyectos y al final volveré a lo que mejor sé hacer.

Conclusión

Este es mi mensaje de vida: me gusta encender el fuego y me importa mucho quién eres TÚ y el bienestar de la Tierra. Toma mis palabras con seriedad.

Quiero que termines apreciando lo mucho que importas como individuo. Tu voz y esencia únicas son vitales para el colectivo. Somos un gran tapiz, tu hilo y tu sabor son muy importantes para nuestra fuerza colectiva y para la sostenibilidad de nuestra especie. No podemos pasar por este momento histórico sin tu plena presencia.

No escribo esto a la ligera. Como astróloga puedo decirte que avanzamos con rapidez hacia una gran crisis. Hay indicadores que dicen que el mundo tal y como lo conocíamos se ha acabado. En 1776 cuando comenzó la revolución en Estados Unidos, hubo una alineación planetaria que se está repitiendo ahora por primera vez. En 2011, Saturno estaba en Libra y Urano estaba en Capricornio: una revolución interior intenta emerger. Este ciclo durará años.

> Si puedes enamorarte de lo que eres y expresarte a plenitud viviendo dentro de tu naturaleza elemental, ¡te prometo que estás haciendo una gran contribución!

El mundo interior es la última frontera: cómo nos hablamos a nosotros mismos, nuestro diálogo interno, cuánto celebramos esta vida y nuestras expresiones, cuánto amor creemos que merecemos y, sobre todo, cuán dignos somos cada uno de nosotros. Si puedes enamorarte de lo que eres y expresarte a plenitud viviendo dentro de tu naturaleza elemental, ¡te prometo que estás haciendo una gran contribución!

Es un momento inusual en la historia. En Norteamérica hemos dejado atrás nuestra relación con lo básico: agua, aire, tierra y fuego. ¿Cuándo fue la última vez que te sentaste frente al fuego? ¿Cuándo fue la última vez que bebiste agua fresca de las montañas? ¿Cuándo fue la última vez que caminaste para conseguir tu comida? Rara vez hacemos ceremonias y reconocemos lo sagrado de estas sencillas cosas.

Ya no bebemos del arroyo de la montaña, sino que vertemos el agua en recipientes de plástico de fuentes artificiales que contienen productos químicos y suplementos porque hemos contaminado la fuente. Tenemos una crisis energética porque ya no sabemos utilizar nuestra energía natural. Dependemos de las bebidas energéticas para movernos. Utilizamos todo tipo de recursos artificiales para mantenernos felices y sanos. Desde el punto de vista del observador esto no es algo malo, solo es un hecho.

El aire se ha visto comprometido por la cantidad de personas que conducimos. Hemos perdido la sensación de la tierra bajo nuestros pies; es más fácil subirse a un automóvil que tocar la espalda de la Madre Tierra.

En pocas palabras, hemos perdido nuestra conexión no solo con los elementos del mundo natural, sino nuestra capacidad de honrar la vida como una experiencia sagrada. En segundo lugar, nunca había habido tanta gente viviendo al mismo tiempo en nuestro planeta y no tenemos los recursos para mantenernos en el tiempo, ni estamos implementando nuevas formas para que el futuro se prepare para compartir y cuidar, punto. Es un hecho. Esto no es discutible. Vivimos como si nada, pero no para siempre.

Tenemos que encender el fuego y cambiar nuestra forma de actuar. le pagamos a otras personas para que muestren y encarnen el fuego por nosotros. De hecho, les damos más dinero a actores y atletas que a cualquier otra profesión; es más fácil que un atleta olímpico nos muestre su fuego que hacerlo nosotros mismos. Nos sentamos frente al televisor y observamos pasivamente, un fenómeno moderno que se da en todas partes.

Hemos perdido el aire, ya que muchos de nosotros ya no nos comunicamos con la lengua sino con dispositivos electrónicos, dejando que nuestros pulgares sean los que hablen. Las cosas que le hemos hecho a esta tierra, como la fracturación hidráulica, los OGM... es la primera vez en la historia que hemos alterado las semillas. Qué poderosa metáfora: hemos alterado todo lo natural, incluyendo nuestro equilibrio hormonal, el rendimiento sexual de un hombre y la firmeza de nuestra piel.

Como Hansel y Gretel, que esparcen migas de pan por el camino, intentamos encontrar el camino de vuelta a casa. Pero si logramos encontrarlo, me pregunto a qué clase de hogar volveremos. Nuestro futuro parece poco prometedor, por no decir algo peor. La juventud habla de extinción y de zombis, palabras que nunca habíamos utilizado sino hasta esta generación.

Es fundamental que volvamos a lo básico y nos pongamos en contacto con nuestra propia naturaleza elemental. El agua es húmeda, el fuego es caliente, la tierra es sólida y el aire está en todas partes, eso nunca cambiará. Entonces, ¿cómo podemos recuperar la sabiduría de nuestros antepasados y honrar estos elementos vitales desde su base? Es sencillo: puedes hacerlo con tu propia y única expresión sobre cómo te cuidas y cómo te hablas a ti mismo.

El cambio empieza en casa. La clave es despertar al observador que hay en ti, y de eso trata este libro, *El elemento perdido*, de inspirar compasión por la condición humana, de darnos cuenta en dónde estamos atascados, alejarnos del juicio y adoptar una postura diferente.

Las cuatro historias que leíste aquí hablan de un grupo de personas que vivieron sus vidas con el deseo de crecer y cambiar. Dominaron los elementos principales en sus vidas, sanándose a sí mismos, inspirando a otros y marcando la diferencia.

Mientras estuvo en la prisión, Kenny aprendió a utilizar el poder de su mente (aire) para sobrellevar veintisiete años de cárcel. Sabía que no debía estar encarcelado tanto tiempo y podría haberse cerrado en sí mismo y enfadado. En cambio, se centró en el poder de su mente y en su fe para salir adelante.

Charlie, el bombero, amargado y dolido por la muerte de sus amigos, incorporó la sabiduría del agua (la emoción) para abrirse y poder sentir su dolor, perdonar a las personas que mataron a sus amigos y continuar viviendo.

Ann y Dave, auténticas personas de tierra, aprendieron a compartir sus recursos con sus empleados y su comunidad porque sabían que el dinero que ganaban no era para ellos. Ann, que procedía de un entorno difícil, podría fácilmente haberse quebrado o amargado. En cambio, alivió sus propias heridas convirtiéndose en una verdadera madre de tierra, compasiva y generosa.

Myra y Drew Goodman, así como Colette, aprovecharon su fuego y tomaron la decisión de seguir un camino inexplorado. Colette pasó de ser una mujer alcohólica y violada por una pandilla, a convertirse en una famosa vidente, canalizando su fuego y encendiéndolo de manera brillante para el servicio. Myra y Drew fueron contra todo pronóstico y transformaron sus audaces y ardientes ideas sobre agricultura orgánica en un negocio sostenible y exitoso cuando todo el mundo les decía que no era posible. Todos ellos despertaron y tomaron las riendas de sus vidas.

Al igual que estas personas, cada uno de nosotros tiene el poder de crear una vibración energética a través de nuestra expresión personal, que tendrá un impacto en todo. Estos son individuos que marcaron una gran diferencia, y tú también puedes hacerlo. Todo lo que tienes que hacer es ser tú mismo a plenitud.

No podemos seguir viviendo en esta magnífica roca como si fuera un hotel y hubiera un personal encargado de la limpieza. ¡*Nosotros somos* ese personal! Cada uno de nosotros tiene que entender cuál es su parte, quiénes somos como individuos y encontrar un equilibrio en nuestra debilidad. La revolución está en el interior; puedes cambiar nuestro futuro simplemente sanándote a ti mismo.

Mi sueño es que todos despertemos. ¿Pero qué significa eso? Que te des cuenta de que importas, de que no eres uno de tantos que puede seguir viviendo como si nada y caminar como un sonámbulo hacia tu destino. Eres un individuo excepcional, y créeme cuando te digo: no eres un error, estás orquestado a la perfección. Es cierto, y la vida cuenta contigo.

Nada en esta vida me importa más que retomar la sabiduría de nuestros antepasados y absorber sus enseñanzas: honrar las cuatro direcciones, pisar la tierra con respeto y, sobre todo, darse cuenta de que el agua, el aire, la tierra y el fuego son dioses encarnados, aquí y ahora. Nosotros somos semidioses en formación. Debemos honrar a los elementos. Nuestra supervivencia como especie y como individuos requiere nuestra atención.

Sin los elementos no somos nada y sin estar en relación con ellos, nuestra creación humana se desmorona. Es sencillo: no podemos vivir sin agua, aire, tierra o fuego, ninguno puede quedar fuera. Espero que puedas ver lo simples y verdaderas que son estas palabras y que eches un vistazo a tu corazón y a tu alma y recuerdes tu función.

Aho Mitakuye Oyasin

> Honra las cuatro direcciones, pisa la tierra con respeto y, sobre todo, date cuenta de que el agua, el aire, la tierra y el fuego son dioses encarnados, aquí y ahora.

APÉNDICE

Tres formas de desarrollar la sabiduría elemental

El poderoso proceso de 90 minutos que utilizo en mi trabajo es una manera simple de facilitar la comprensión del elemento perdido. Este proceso se llama 4E y te permite entender a través de una experiencia directa de sabiduría elemental: (a) qué elemento se interpone en tu camino, (b) qué elemento es más fuerte y (c) cómo volver a equilibrarte. En el proceso 4E, basado en la terapia de las partes, te centras en cada elemento, le das voz a esa parte de ti y descubres sus necesidades, sus puntos fuertes y sus debilidades.

El proceso 4E desciende de un proceso y producto llamado *The Symbols Way* (*La vía de los símbolos*). Se desarrolló como un medio para que hombres y mujeres sintieran de forma directa su vocación vital en su edad y etapa de vida actual. *La vía de los símbolos* te ayuda a discernir el camino a seguir en tiempos de transición, así como a superar umbrales y atravesar momentos decisivos. Muchos describen el proceso como una iniciación a una nueva fase de su viaje, algo que está arraigado a profundidad en su naturaleza esencial.

Para conectar con una mentora formada que pueda guiarte en este proceso, contacta a Barbara Cecil a través del sitio web:

endingsandbeginnings.com

El **4E** es mi diferenciación de este proceso y se centra en la disolución de las barreras psicológicas que lo mantienen a uno atascado en patrones repetitivos y sin poder avanzar. Mi experiencia como terapeuta y astróloga aporta al proceso una forma de ayudar a rellenar los elementos perdidos que inhiben el crecimiento. Contacta a Debra Silverman a través del sitio web:

debrasilvermanastrology.com

El tercer miembro de esta familia es el ***Proceso Collective Symbols Way*** (*La vía colectiva de los símbolos*). Se desarrolló como un recurso para equipos, organizaciones y grupos que se encuentran en puntos de infección específicos en su evolución. Los guías profesionales formados en el aprendizaje organizacional ofrecen este marco como una forma de percibir el potencial emergente y avanzar hacia un futuro con confianza y sensibilidad a una ecología más amplia de factores. Contacta a Dorian Baroni a través del sitio web:

dorianbaroni.com